나에게 좋은 사람이 좋은 사람이야

나에게 좋은 사람이 좋은 사람이야

초판 1쇄 2022년 09월 15일
지은이 권수연 | **펴낸이** 송영화 | **펴낸곳** 굿위즈덤 | **총괄** 임종익
등록 제 2020-000123호 | **주소** 서울시 마포구 양화로 133 서교타워 711호
전화 02) 322-7803 | **팩스** 02) 6007-1845 | **이메일** gwbooks@hanmail.net
© 권수연, 굿위즈덤 2022, *Printed in Korea*.
ISBN 979-11-92259-62-8 03190 | 값 15,000원

※ 파본은 본사나 구입하신 서점에서 교환해드립니다.
※ 이 책에 실린 모든 콘텐츠는 굿위즈덤이 저작권자와의 계약에 따라 발행한 것이므로
   인용하시거나 참고하실 경우 반드시 본사의 허락을 받으셔야 합니다.
※ **굿위즈덤**은 당신의 상상이 현실이 되도록 돕습니다.

지혜롭고 효율적으로, 적당히 관계 맺으며 사는 법

나에게 좋은 사람이 좋은 사람이야

권수연 지음

굿위즈덤

나는 스스로에게 좋은 사람인가요?

나는 이 책을 쓰면서 내가 겪어온 과거를 둘러보았다. 내가 부족했던 부분에 대해서 반성하는 시간을 가졌다. 마음에 상처가 흉터로 남아 있는 것은 위로 받았다. 그리고 미워하고 원망했던 사람은 나의 발전을 위해 용서했다. 또한 곁에 두면 내 인생을 갉아먹을 것 같은 사람은 손절하기로 했다. 그리고 또 하나 알게 된 것은 나를 제일 힘들게 하는 사람은 바로 나라는 사실이었다.

감정에 휘둘려 상처받고 어려운 인간관계 때문에 마음 아파하는 사람들이 이 책을 읽으며 위로받았으면 좋겠다.

대부분 사람은 타인에게 좋은 사람으로 기억되고 싶어한다. 그래서 거절도 잘하지 못하고 화를 내야 할 때는 꾹 참는다. 그런데 이렇게 한다고 꼭 좋은 사람이 되는 것은 아니다. 누구보다 가장 소중하게 생각하고 아껴줘야 할 자신에게 함부로 대하는 것은 좋은 사람이 아니다. 누구에게나 좋은 사람으로 남고 싶은 것은, 이룰 수 없는 자신만의 지나친 욕심이다.

우선 나에게 좋은 사람이 되어야 한다. 이런 생각을 계속 견지해나가야 한다. 그리고 의미 없는 곳에 신경을 쓰지 않는 연습을 꾸준히 해야 한다. 물론 처음에는 쉽지 않다. 한번에 잘하는 것은 어렵다. 조금씩 변화해나가면 상황이 점점 달라질 것이다. 긍정적으로 바뀌어가는 모습을 보면 더 많이 노력하고 싶어진다.

언젠가 행복해지는 것이 아니라 지금 당장 행복해지자. 내 삶의 귀한 시간을 다른 사람으로 인해 낭비하지 말자. 그러면 당신은 앞으로 더 빛나는 삶이 될 것이다. 마음이 풍요로운 사람이 된다.

언제나 나의 버팀목이 되어주시고 한결같은 마음으로 사랑해주시며 내가 작가라는 직업을 가질 수 있게 응원해주시는 우리 부모님께 진심으로 감사드린다. 그리고 이 책을 집필하며 격려와 조언을 해주신 〈한국책쓰기강사양성협회〉 김태광 대표님과 〈위닝북스〉 권동희 대표님께 감사드린다.

마지막으로 이 책의 원고를 집필할 수 있게 소중한 시간을 만들어주는 꿈나라 여행 중인 사랑스럽고 소중한 나의 딸아, 건강하게 잘 커주길 바란다. 정말 사랑한다 내 딸.

2022년 9월, 권수연

목 차

2장 남한테 좋은 사람이 되려고 애쓰지 마라

5장 나에게 좋은 사람이 좋은 사람이다

1 장

힘든 관계를

이젠

놓아버려도

될까?

가끔은 거리두기도 필요해

사회적 거리두기… 그리움을 곁에 두는 것과 같다. 멀어야 가까워진다.

최근 코로나로 인해 사회적 거리두기가 일상화되면서 코로나 발생 이전의 생활을 매우 그리워한다. 회상해보면 그 이전의 생활은 매우 평범한 일상이었다. 그러나 거리두기로 인해 예전처럼 지낼 수 없을 때 그리움은 커진다. 바이러스로부터 내 몸을 지키기 위한 거리두기는 매우 중요하고 필요하다.

더 나아가 인간관계에서는 내 마음을 지키기 위해 거리두기가 필요하다. 적당한 거리를 둘 때 사람과의 관계도 건강해진다.

등교할 때 항상 같이 가던 친구 K가 있었다. 어떤 날은 친구 K와 연락이 닿지 않아 혼자 약속 장소에서 하염없이 기다렸다. 무슨 일이 생긴 건 아닌지 걱정이 되었다. '곧 오겠지.' 생각하며 계속 기다렸다. 결국 친구 K는 늦게 도착했고 그 이유는 늦잠 때문이었다. 우리는 지각할까 봐 한 번도 쉬지 않고 학교까지 달렸다. 너무 힘들었다.

'내가 혼자 등교했으면 이렇게 힘들지 않아도 되는데…'라는 생각이 들었다. 그러던 어느 날 친구 K가 개인적인 일로 한동안 학교에 출석하지 못하는 날이 있었다. 나는 혼자 등교했다. 처음 며칠은 편하고 여유로웠다. 하지만 일주일째 되던 날에는 같이 대화하며 걸어가던 길이 허전했다. 그리고 친구 K의 말투까지 생각나며 그리웠다.

회사와 집의 거리가 멀지 않지만, 취업했다는 이유로 P는 독립하고 싶었다. 부모님의 속박 아래 자유로워지고 싶었기 때문이다. 회사 근처 자취방에서 혼자 생활하였고 P는 너무 좋았다. 꿈에 그리던 독립이었다. 앞으로 부모님의 잔소리를 듣지 않아도 되고 친구들과 늦게까지 놀아도 된다.

자유로움을 만끽하던 P는 어느 날 밤새 심한 몸살감기를 앓았다. 하지

나에게 좋은 사람이 좋은 사람이야

만 P의 옆에는 간호해줄 사람이 한 명도 없었다. 만약 P가 집에서 부모님과 함께 지냈다면 어땠을까? 분명 부모님이 P의 곁에서 돌봐주셨을 것이다. 밤새 심하게 아픈 이후로 P는 부모님의 소중함과 감사함을 깨달았다.

사람이 미워서가 아니다. 서로 자주 부딪히지 않기 위함이다. 한 사람이 한 사람만 생각하며 계속 기다리느라 지치지 않도록 거리두기가 필요하다.

만약 내가 어떤 사람과 거리를 두었을 때 그 사람과 사이가 진짜 멀어졌다면 그 인연은 원래부터 이어지지 못할 인연이다. 그 사람은 당신이 필요 없는 것이다. 그렇다면 마찬가지로 당신에게도 그 사람이 아무런 의미가 없는 것 아니겠는가?

지금 당장은 끊어진 관계를 생각하면 마음이 아프고 힘들 수 있다. 하지만 언젠가 끊어질 관계다. 억지로 힘들게 붙잡고 있으면 그건 내 마음에 스스로 못 박는 것과 같다. 정말 좋은 사람은 그 자리 그대로 변함없이 있다. 그러므로 너무 힘들게 집착하며 애쓰지 않아도 된다.

가족 관계, 직장 생활, 사적 모임처럼 사람과 사람 사이의 거리는 너무 가까워도 너무 멀어도 문제다. 가끔은 적당한 거리두기가 필요하다. 너무 가까워졌다는 느낌이 들면 조금씩 멀어지는 연습도 필요하다.

흔히 거리두기라고 하면 '사람과의 거리'를 생각하는 경우가 많다. 하지만 '시간과의 거리'도 있다. 이것 역시 매우 중요하다. 과거에 내가 겪었던 마음의 상처와 분노 그리고 집착과 거리를 두는 것이다. 앞으로 건강한 관계를 이어가기 위함이다.

시간이 지나면서 내가 겪었던 분노는 용서가 되고 집착은 추억이 될 것이다.

오래 만난 연인과 헤어진 A는 하루 종일 밥도 먹지 못할 만큼 마음이 아프고 괴롭다. 본인의 잘못으로 헤어졌다고 생각하며 자책한다.

'내가 그때 그렇게 하지 않았더라면….' 이런 생각을 끊임없이 하며 후회하고 있다. 스스로 계속 갉아먹고 있다. '다시 돌아오지 않을까?' 하는 과대망상까지 한다. '헤어진 연인, 다시 돌아올까요?'라는 유튜브 검색까지 해본다.

이별의 아픔으로 인해 힘들어하는 A를 보며 주변 사람들은 빨리 그 사람을 잊고 일상으로 돌아오길 바랐다. '사람은 사람으로 잊어야 한다'며 다른 사람을 소개해주기도 한다. 결국 주변 사람의 권유로 인해 새로운 사람을 만나게 된 A는 과거의 연인이 더 생각난다. 마음속에서 깨끗하게 정리하지 못한 채 새로운 사람을 만났기 때문이다. 그러던 어느 순간 자신도 모르게 과거의 연인과 새로운 사람을 비교까지 했다.

시간과 거리두기를 하지 않은 채 새로운 사람을 만난 A의 머리와 마음속에는 온통 과거의 연인 생각뿐이다. 그리고 오히려 과거의 연인이 더 좋은 사람이라는 생각이 머리를 지배했다. 결국 A는 미련을 더 못 버리게 되었다.

젊은 나이에 결혼해서 평생을 같이 살던 노부부가 있다. 이 부부의 황혼은 어느 누가 봐도 부러울 정도로 서로를 아끼며 애틋하게 지냈다. 그러던 어느 날 한 명이 먼저 세상을 떠났다. 사랑하는 사람을 먼저 떠나보낸 후 홀로 남게 된 사람은 정말 고통스럽고 괴롭다.

죽은 사람의 기억은 빨리 잊는 것이 최선이다. 주위 사람들은 하루빨리 같이 살던 집을 팔고 다른 곳으로 이사하길 권유했다. 그리고 죽은 사람에 대한 모든 물건을 버리라고 했다. 결국 급하게 이사도 가고 물건까지 모두 정리했다.

하지만 시간이 흘러도 사랑했던 사람을 잊는 것은 생각만큼 쉽지 않았다. 그리움으로 인해 마음의 병을 얻게 되는 지경까지 왔다. 결국 홀로 남은 사람도 머지않아 세상을 떠났다.

사랑했던 사람이 생전에 좋아하던 물건을 몇 개쯤 가지고 있으면서 그것으로 인해 함께했던 날을 추억해본다. 이렇게 마음의 위안이라도 했다면 더 좋지 않았을까? 그래서 죽은 사람의 옷을 버리지 못하고 옷에 스며들어 있는 그 사람의 냄새를 맡으며 지내는 사람도 있다. 서두르지 말고 천천히 시간에 맡기며 추억할 수 있는 건 추억하며 보내주는 것도 좋은 방법이다. 당신의 아픈 마음을 강요하지 말자.

친구 A와 B는 사소한 문제로 다퉜다. 이때 다투게 된 원인을 짚어서 지금 바로 해결하는 방법이 있고 서로 시간을 주고 천천히 대화로 푸는 방법이 있다. 그런데 우리는 보통 시간을 두고 천천히 화해하는 것은 상대방에게 무례하다고 생각한다. 그렇다고 성급하게 화해하면 더 심하게 다툴 수 있다.

둘 중 한 명의 화가 풀리지 않은 상태다. 이런 상황에서 당장 그 문제에 대해 논의하면 다시 싸움이 날 수도 있다. 시간을 두고 A와 B 양쪽 모두 기분이 좋을 때 대화를 하는 것도 화해의 좋은 방법이다.

시간과 거리두기는 나의 다친 마음을 회복하는 데 걸리는 시간을 의미하기도 한다.

몸을 다친 후 회복하는 데 걸리는 시간보다 마음을 치유하는 데 더 많은 시간이 필요하다. 그래서 반드시 시간과 거리두기가 필요하다.

'시간이 약이다'라는 말이 있는데 정말 그렇다. 슬픔, 상처, 치욕, 분노, 그리움을 치유하는 것은 오직 시간이 해결해준다. 시간이 지나면 언젠가 분명히 괜찮아진다. 이 또한 지나갈 것이다.

시간의 힘을 믿는 긍정적인 사람이 되어보자. 아무리 고통스럽고 힘들어도 참고 견디면 반드시 괜찮아진다. 물론 회복되는 과정에서 괴롭고 절망적일 수 있다. 하지만 시간이 흐르면 당신이 힘들었던 것들이 나중에는 추억으로 회상된다.

요즘 우리는 메신저나 SNS를 통해 대화하고 소통한다. 여기에는 상대방이 나의 메시지를 읽었다는 수신 확인까지 할 수 있다. 그래서 메시지를 잘 보냈는지 쉽게 확인되어 매우 편리하다. 하지만 이것은 역효과를 나타낼 때도 있다. 상대방이 나의 메시지를 확인했는데 곧바로 답장이 없으면 상대방의 마음을 의심하게 된다.

각자 서로의 시간에 여유를 두지 않은 것이다. 만약 상대방에게 연락이 없으면 '바쁜 일이 있을 거야, 끝나고 다시 연락하겠지, 그럴 수도 있어.'라고 생각하면 된다. 시간과 거리두기를 하는 것이다. 상대방에게 시간을 주자. 이렇게 하면 나에게 좋다. 내 마음에 여유로움이 생기고 상대방을 오해하지 않고 좋은 관계를 잘 유지할 수 있다.

거리두기는 살아가면서 어떤 관계로부터 나를 지킬 수 있는 힘이다. 가깝지도 않고 멀지도 않은 관계를 위해 거리두기를 해야 한다. 남에게 휘둘리지 않으면서 스스로 중심을 잡는 것이다.

더불어 상대방에 대해 소중함과 감사함도 느낄 수 있다. 멀어야 가까워진다. 정말 어렵지만 매우 중요하고 꼭 실천해야 한다.

나에게 좋은 사람이 좋은 사람이야

관계 정리의 적,
죄책감 버리기

우리는 인공적인 관계가 아니라 진정한 마음이 통하는 관계를 원한다. 자주 연락하고 만난다고 해서 친해지는 것이 아니다. 오랜 시간 알면서 지냈다고 전부 좋은 관계는 아니다. 그리고 학창 시절의 친구가 진짜 친구는 아니다. 그렇다고 인맥이 많을수록 좋은 것도 아니다.

사람과의 좋지 않은 인연 때문에 정신적, 금전적 손해를 보는 경우가 있다. 하지만 이런 인간관계를 정리하는 것도 쉽지 않다. 인간관계에는 친구 관계, 연인 관계, 가족 관계, 상사와 부하 직원처럼 다양한 관계가 있다. 우리는 인연이라는 이유로 여러 사람과 같이 연결되어 살아가기 때문이다.

　인간관계는 두 종류로 나뉜다. 상호 간에 도움을 주는 이로운 관계가 있고 곁에 있을수록 서로에게 악영향을 미치는 해로운 관계가 있다. 서로 도움이 되는 관계는 오래도록 유지해서 좋은 인연으로 곁에 있으면 된다. 하지만 악연의 경우에는 관계를 어서 정리해야 서로에게 좋다. 하지만 인간관계를 정리하는 것이 익숙하지 않다. 하지만 해야 한다. 앞으로 인간관계에 대해 정리하며 살아가고 이것은 당연하다고 느끼면서 죄책감을 버려야 한다.

　서울에 있는 명문대를 졸업한 후 대기업에서 근무하는 P가 있다. 남들이 모두 부러워하는 회사에 다니는 P는 사실 회사 생활이 너무 힘들다. 일이 힘든 것이 아니라, 회사 내 직원들과 관계가 원만하지 않다. 그러나 아무리 힘들어도 회사를 쉽게 그만둘 수 없다. 입사하기 위해 엄청난 노력을 했다. 그리고 합격통지서를 보신 부모님의 매우 좋아하셨던 모습이 아직도 생생하기 때문이다.

　그만두면 실망하실 부모님을 생각해서라도 P는 참고 버텨가며 회사 생활을 유지했다. 아무에게도 말하지 못한 채 P는 하루하루가 너무 고통스러웠다. 직장 내 왕따라는 것이 이렇게 괴로운지 몰랐다. 좋은 회사에 다녀야 부모님께 효도한다고 생각한 P는 회사를 그만둘 자신이 없다.

힘들게 버티던 P는 대인 기피증, 공황 장애라는 정서적으로 불안한 우울증을 겪는다. 결국 병을 얻은 후 회사를 그만두었다. 퇴사 후에도 일상생활이 힘들어 병원 치료받으며 안정을 되찾아가는 중이다.

아무리 좋은 회사이지만 직원들과 관계에 적응하기 힘들면 그만둘 수 있다. 부모님이 실망하실 것을 걱정해서 참고 버티다가 결국 정신적 스트레스로 인해 병원에 다니는 것을 부모님은 더 염려하신다.

강박 관념에서 벗어나야 한다. 어렵게 입사한 회사이지만 적응하는 것이 힘들면 그만둘 수 있다. 다시 다른 회사에 재취업하면 되지 않는가? 회사는 많다.

일이 힘든 건 버틸 수 있지만 직원들과 관계가 힘든 건 버티기 힘들다. 대기업이라고 전부 좋은 회사는 아니다. 마음을 편하게 가지고 다닐 수 있는 그런 회사를 가야 오래 다닐 수 있다.

부모님은 자식이 즐겁고 행복하면 더 바랄 것이 없다. 물론 자식이 좋은 대학, 좋은 회사에 다니면 자랑스럽고 뿌듯한 것은 사실이다. 하지만 내 자식이 아프고 힘들고 괴로워하면서 명문대, 대기업에 다니는 것은 원하지 않는다. 그리고 절대 실망하시거나 미워하지도 않는다. 부모님은 자식이 즐겁고 행복하게 지내는 모습을 볼 때 부모님의 마음도 편하다. 그러므로 직원들과 관계가 힘들다면 죄책감을 버리고 하루라도 빨리 정리하는 것이 옳다.

현재 B의 나이는 20대 중반이다. B는 중학교 학창 시절부터 친하게 지내던 친구 세 명이 있다. 오랫동안 알고 지낸 친구끼리 모임을 만들어 한 달에 한 번씩 곗돈를 모으고 있다. 아직 B는 취업하기 전이다. 그래서 아르바이트를 하거나 부모님께 받은 용돈의 일부를 계에 넣고 있다. B는 한 번도 빠트리지 않고 1년 동안 곗돈를 입금했다.

그러던 어느 날 B는 모임을 하던 친구들과 사이가 멀어지게 되었다. 취업해서 다른 지역으로 이사하면서 친구들과 자주 만나지 못했다. B는 첫 직장 생활로 회사에 적응하느라 바빴고 연락도 뜸했다.

명절이 되어서 긴 연휴를 이용해 B는 고향에 갔고 중학교 친구들에게 연락했다. 하지만 친구들은 B의 전화를 받지 않았다. 그 뒤 SNS를 통해 확인했더니 중학교 친구들은 B와 함께 모았던 계비로 여행을 다녀온 것이다. 그 돈으로 여행을 다니면서 그 친구들의 기분은 어땠을까? 뻔뻔하고 양심도 없다. B는 너무 실망했고 배신감이 들었다.

계비로 모았던 그 돈이 작다면 작을 수 있지만 B는 어렵게 모아서 꼬박꼬박 입금했던 돈이다. 그런데 오랫동안 알고 지내던 중학교 친구들은 그 돈을 돌려주지 않았다. 모르는 사이도 아니다. 아주 잠깐 만나던 사이도 아니다. 아무리 오래된 친구라고 할지라도 죄책감 가질 필요 없이 관계 정리가 시급했다.

오래된 친구라고 전부 좋은 친구는 아니다. 친구는 시간에 비례하지 않는다. 나이가 들고 시간이 지날수록 더 깨닫게 된다. 친구의 주변 상황을 이해할 수 있어야 하고 서로 존중해주고 위로해주는 친구가 진정한 친구다.

오랫동안 알고 지냈던 정 때문에 정리하지 못해서 죄책감을 가질 필요는 없다. 아무리 친해도 서로에 대한 예의는 있어야 그 관계도 지속될 수 있다.

친구와 함께한 시간을 되돌아보면 많은 추억이 파노라마처럼 지나간다. 하지만 과거는 과거일 뿐이다. 현재와 미래는 좋은 친구를 만나서 추억을 쌓아가면 된다. 굳이 마음 다쳐가며 힘든 관계를 유지하려고 하지 말자. 그런 추억보다 우리 스스로가 더 소중하기 때문이다.

20대 전부를 함께한 연인이 있다. 10년 동안 연애했다. 주위에 있는 사람들은 그 커플이 결혼까지 할 거라고 생각했다. 하지만 연애와 결혼은 달랐다. 학생 때 만나서 연애를 시작했고 10년이라는 세월이 흘러 나이가 들어보니 현실은 달랐다. 행복한 결혼 생활을 유지하려면 어느 정도의 돈이 필요했다. 돈을 벌려면 적당한 직업이 있어야 한다. 하지만 힘든 취업난 속에서 원하는 직업을 갖는 것은 쉽지 않았다.

결혼하고 싶던 여자는 남자가 원하는 직업을 가질 때까지 기다렸다. 그렇게 시간이 많이 흘렀다. 여자는 점점 지쳐갔고 남자는 달라진 것이 없었다. 결국 이별이 다가오는 것을 직감했다. 너무나도 사랑했지만 현실 앞에서 무너졌다. 그때 느꼈다. 아무리 사랑해도 헤어질 수 있다는 것을 깨달았다.

주변 사람들이 모두 물어본다. 왜 헤어졌는지, 다시 만날 수 없는지, 너무 아쉽다고 했다. 이처럼 주변 사람들이 더 소란스럽다. 이런 시선들 때문에 그 커플은 헤어진 후에도 곤욕이었다.

헤어진 후에 여자는 '조금 더 기다릴걸.' 후회했고 남자는 여자가 매우 그리웠다. 하지만 여자는 다른 사람을 만나 결혼했고 남자는 뒤늦게 좋은 직업을 가졌다. 현실 앞에 어쩔 수 없이 헤어진 그 연인은 서로에게 가지고 있는 미안함 때문에 늘 마음 한구석이 괴롭고 그리웠다.

관계 정리에는 여러 가지 이유가 있다. 미움, 원망, 배신 그리고 사랑이다. 사랑하기 때문에 서로를 놓아주는 것도 하나의 이유가 된다.

텍사스 대학교의 '새뮤얼 고슬링' 교수가 학생들의 방 83개와 기업 사무실 94개를 조사한 결과에 따르면 공간을 깨끗하게 사용하는 사람이 지저분하게 사용하는 사람보다 효율적이고 창의력이 높다고 한다.

미국의 국립 수면 연구 재단이 조사한 결과 침실을 매일 정리하는 사람은 정리하지 않는 사람보다 잠을 푹 잘 확률이 19%나 높아진다고 한다.

이처럼 자신이 생활하는 주변 환경 정리를 잘하는 것은 매우 중요하다. 하물며 정리되지 않은 불편한 인간관계가 사람에게 미치는 영향은 치명적이다.

지혜롭게
헤어지기

인연이라는 것은 시작도 어렵지만 헤어지는 것 역시 쉽지 않다. 사랑했던 사람과 이별, 반려동물과 이별, 가족과 이별, 직장과 이별처럼 우리는 알게 모르게 여러 가지 이별을 겪으며 살아가고 있다. 자신이 원해서 하는 이별도 있지만 상대방의 일방적인 통보로 인해 이별을 할 수도 있다. 헤어지는 것은 정말 어렵고 힘든 결정이다. 그리고 마음에 상처도 받는다. 하지만 인간관계에서 만남이 있으면 이별도 있는 것은 당연한 논리다.

사람들은 인연을 오랫동안 잘 이어가기 위해 노력을 많이 한다. 만난 인연을 소중하게 생각하며 좋은 추억을 만들어가려고 한다. 그런데 정작 헤어짐에 대해서는 노력하지 않는다. 끝나면 끝이라고 생각한다. 어차피 이제 만나지 않으면 된다고 생각한다. 그런데 그렇지 않다. 이별에서 좋은 이별은 없다. 어떤 식으로 헤어지냐에 따라 상처의 깊이가 다르다. 헤어지는 것도 지혜롭게 행동해야 한다.

친구 P는 어느 날 갑자기 남자친구와 연락이 되지 않는다. 무슨 일이 있는 건지 걱정이 되었다. 아니면 바쁜 일이 있는 건지 계속 기다렸다. 그래도 연락이 없다. P는 남자친구와 친하게 지내는 어떤 친구에게 연락했다. 그런데 그 친구는 오히려 되물었다. 헤어진 거 아니냐고…. 이것이 말로만 듣던 잠수 이별이다. P의 남자친구는 어느 순간 갑자기 혼자서 이별을 결정한 후 연락을 끊었다.

아름다운 이별은 없다. 헤어지길 원할 때는 적어도 상대방이 이해할 수 있게 이별에 대한 충분한 설명이 필요하다. 어차피 상대방은 무조건 상처받게 되어 있다. 하지만 상대방에게 솔직한 말을 해주는 것이 예의다.

혼자 일방적으로 이별을 통보하면 상대방은 크게 상처받는다. 그리고 잠수 이별을 당한 사람은 분노가 생긴다. 관계를 정리할 때 서로에 대한 예의는 지켜야 한다. 함부로 행동하면 안 된다. 나중에 부메랑이 되어 다시 돌아온다. 세상은 둥글다. 결국 돌고 돌아 분명히 자신에게 비수처럼 꽂히듯 돌아온다.

동갑내기 커플이 있다. 이 커플은 자주 싸우며 지낸다. 사소한 것들로 인해 다투고 제대로 된 사과가 없으니 서로에 대한 오해가 점점 쌓인다. 연애 초반에는 서로에 대해 장점만 보였다. 그러나 시간이 흘러 만남이 길어질수록 단점이 하나둘씩 보이기 시작했다. 상대방에게 섭섭함과 불만을 이야기했지만 이해하지 못한다. 그 대화는 결국 싸움이 된다. 싸움 이후 자존심 때문에 화해하는 시간도 길어졌다. 그럴수록 상대방에 대한 애정은 줄어들고 불만은 많아진다.

자존심이 강한 사람은 끝을 보기 위해 상대방에게 심한 말을 한다. 그리고 오히려 상대방에게 사과를 요구하기도 한다. 이것은 헤어짐의 직행열차를 타는 것과 같다.

결국 동갑내기 커플의 끝은 이별이다. 둘은 마음의 상처가 깊어 헤어지는 순간까지 서로에게 나쁜 말을 많이 했고 좋지 않게 헤어졌다.

시간이 지난 후 그 당시에 싸우면서 느꼈던 서로에 대한 악감정은 누그러들었다. 하지만 서로에게 했던 나쁜 말들은 잊기가 쉽지 않다. 마음의 상처로 깊이 남았다. 자신이 들었던 나쁜 말뿐만 아니라 상대방에게 했던 심한 말까지 생각난다. 그리고 진심으로 사랑했던 사람이기에 미안한 마음이 생기고 죄책감이 든다. 하지만 둘은 헤어졌고 연락할 수 없다. 그래서 사과하지 못했다. 죄책감으로 후회되는 감정이 나중에는 미련으로 남는다. 한 번 했던 말은 다시 주워 담을 수 없다. 그러므로 말은 절대로 함부로 해서는 안 된다.

보통의 연인들은 싸움으로 인해 이별하는 경우가 종종 있다. 사소한 것으로 싸우던 것이 감정적으로 변해 의도치 않은 심한 욕을 할 수 있다. 더 나아가 손찌검까지 하게 되는 경우가 있다. 그러면 상대방에게 잊지 못할 정신적 충격과 마음에 상처를 주게 된다.

이성적으로 판단되지 않는 상황이라서 어쩔 수 없었다고 하지만 이것은 핑계밖에 안 된다. 헤어지는 순간 상대방에게 상처 주는 심한 말을 하게 되면 당사자도 마음이 편하지 않을 것이다. 그 이후에 분명 죄책감에 시달리게 된다.

사람은 마무리가 좋아야 한다. 자신이 하는 일에서도 마무리를 잘해야 하겠지만 사람 관계에서는 마무리가 더 중요하다. 끝이 좋아야 한다.

사람들이 전부 자신과 같은 마음일 수 없다. 그러므로 더욱더 품격에 맞는 지혜로운 사람이 되어야 한다.

P는 자기 계발하여 능력을 더 높이고 싶었다. 그래서 그동안 관심이 있었던 기타 동아리에 가입했다. 기타를 배워볼 생각에 처음에는 설레는 마음으로 가득했다. 기타리스트까지 꿈꾸었다. 퇴근 후 P는 곧장 기타 모임 약속 장소에 나갔다. 그런데 문제가 있었다. 그 동아리에 있던 사람 중 한 명과 사소한 문제로 다투었다. 하지만 금방 화해했다. 그런데 며칠 지나지 않아서 또 다른 사람과 다투었다. 새로운 사람들과 만나서 어울리는 것이 잘 안되었던 P는 결국 기타 동아리를 그만두었다.

사람들과 만나지 않고 혼자 할 수 있는 운동으로 P는 헬스를 시작했다. 집 근처에 있는 헬스장을 등록했다. 앞으로 꾸준하게 가서 운동해야 하는데 P는 그렇지 못했다. 헬스장은 열심히 잘 다닐 수 있다고 생각했다. 하지만 자기 계발은 본인의 의지와 노력을 함께해야 한다. 그런데 P는 의지박약과 게으름이 많았다. 처음에 일주일은 부지런히 가서 운동도 열심히 하고 땀도 흘리며 자기 계발에 열심히 노력했다. 하지만 결국 얼마 가지 못해 포기했다.

P는 기타도 배우지 못하고 헬스장에 다니며 운동도 하지 못한 채 그만두었다. 자기 계발을 위해 시작했던 것들이 지금은 모두 물거품이 되어서 아무것도 하지 못했다.

시작이 반이라는 속담이 있는 것처럼 우리는 끝내는 것보다 시작을 더 중요하게 생각한다. 시작하면 어떻게든 잘 된다고 생각하기 때문이다. 하지만 여러 가지를 시작만 해놓고 확실하게 마무리하지 못해서 이런 것들이 쌓이게 되면 문제가 생긴다.

다른 것을 시작하기 위해서는 진행 중인 무언가에 대해 먼저 확실하게 끝맺음을 잘해야 한다.

흔히 이별이라고 하면 연인들의 사랑을 떠올리기 쉽다. 그러나 이별은 남녀 관계에만 해당이 되는 것은 아니다. 사랑, 인간관계, 직업처럼 어떤 것을 새로 시작할 때 길을 열어주는 것도 이별이다.

가족 관계나 대인 관계 그리고 경제 불황과 취업 문제 때문에 힘들고 고민하는 사람들이 점점 더 늘어나고 있다. 그런데 흔히 새로운 것을 시작할 때 불안함, 걱정, 조심스러움이 동반된다. 하지만 과거의 인간관계에 대해 지혜롭게 헤어졌고 자신의 직업에 대해 마무리를 잘했다면 당신은 앞으로 새롭게 시작하는 어떤 것도 잘할 수 있을 것이다.

이별을 잘하는 것도 능력이다. 이별 능력도 살아가면서 인생에 매우 중요하고 필요한 능력이다. 사람은 항상 끝이 좋아야 한다.

인간관계에도
유통기한이 있다

학창 시절부터 친하게 지내던 친구 L이 있다. 등하교를 같이하고 교내 식당에서 밥도 같이 먹고 항상 함께 지냈다. 좋은 일에는 함께 축하하며 기뻐했다. 슬프고 힘들었던 일이 있을 때도 본인의 일처럼 슬퍼했고 위로해줬다. 서로에게 힘이 되어주는 좋은 친구였다. 그러나 학교 졸업과 동시에 취업하게 되어 자주 만나지 못했다. 하지만 연락은 꾸준히 하며 서로의 안부를 묻곤 했다.

그때 당시 우리는 첫 직장을 다니고 있었다. 그래서 회사 생활에 집중하며 적응하느라 서로에게 점점 소홀해져갔다. 결국 친구 L과 어쩌다 한 번씩 연락하는 사이로 남게 되었다. 만나는 횟수도 줄어들었다. 서로를 챙기는 마음은 변함없다. 하지만 만나서 얼굴을 보며 밥을 먹고 대화하는 것은 쉽지 않았다.

시간이 흐른 후 나는 회사에 적응을 잘했다. 하루 24시간 중에서 회사에 있는 시간이 많다 보니 자연스럽게 직원들과 더 가깝게 지내게 되었다. 퇴근 후에도 같이 저녁을 먹고 취미 생활을 함께 하기도 했다.

주변 환경이 바뀌면서 자신의 주위 사람들도 바뀐다. 특별한 오해가 있거나 다툼이 있었던 것은 아니다. 그때 그 당시 내가 있던 환경과 맞는 사람이 따로 있다. 아무리 좋은 관계로 잘 지냈어도 자신이 처한 환경이 달라짐에 따라 사람도 바뀐다.

결국 점점 멀어져가는 추억 속의 그리운 사람으로 남게 된다. 이처럼 자신의 주변 환경에 따라 인간관계는 변하기 마련이다.

화훼 농장에서 마음에 드는 꽃을 몇 개 샀다. 꽃 색상과 어울리는 화분도 샀다. 집에 와서 좋은 흙과 영양제를 섞어서 나만의 예쁜 화분을 만들었다. 이렇게 만든 화분으로 집이 화사해지는 것을 느낀다. 볼수록 예쁘고 기분이 좋다. 물도 적당히 주면서 날씨 좋은 날은 햇볕 아래 놓아주기도 했다. 식물들도 내가 관심 가져주고 챙겨주는 것을 아는지 번식하면서 잘 자랐다.

그러던 어느 날 내가 집을 장기간 비운 적이 있었다. 화분에 물을 못 주는 것이 마음에 걸렸다. 귀가하자마자 화분을 보니 식물들이 많이 말라 있었다. 나는 우선 물을 듬뿍 주었다. 그랬더니 꽃이 금방 되살아났다. 하지만 어떤 화분은 죽었다. 내가 돌보지 못해서 죽은 것이다.

인간관계도 식물과 같다. 관심을 주면 잘 자라고 그렇지 않으면 시들어간다. 그런데 관심을 조금만 주었는데도 잘 자라는 관계가 있다. 이런 관계는 좋은 느낌 그대로 잘 유지하도록 노력하면 된다. 그리고 사소한 것에도 감사하면 된다. 하지만 관심을 충분히 주었는데도 점점 말라가는 관계가 있다. 이것은 내가 아무리 노력해도 안 될 인연이다. 언젠가는 끝날 인연이었다. 이별을 하게 되더라도 너무 상처받지 말자. 이미 끝이 정해져 있는 결과다. 그러므로 이별에 대해 너무 연연하며 자신을 자책하지 않았으면 좋겠다.

친구 K는 외로움이 많다. 그래서 항상 곁에 사람이 있어야 한다. 빨리 결혼해서 가정을 이루어 안정된 생활을 하고 싶어 했다. 결국 K는 또래보다 이른 나이에 결혼했다. 그런데 좋은 사람을 만나 결혼하고 싶은 확신으로 진행한 결혼이 아니었다. 본인과 적당하게 어울리는 사람과 진행한 성급한 결혼식이었다. 그렇지만 그 순간까지 K는 행복했다. 이제 안정된 가정을 이루어 행복한 결혼 생활을 꿈꾸고 있었다. 하지만 이것은 K 혼자만의 바람이었다.

결혼 후 K의 남편은 돌변했다. 퇴근 후 사적 모임에 참석하기 바빴다. 폭언과 폭행 그리고 모욕까지 했다. 가정에 충실하지 못한 사람이었다. 결국 K는 수면 장애, 불안증, 대인 기피증과 같은 정신 질환까지 얻었다. 그리고 결혼 생활을 더 이상 유지하는 것이 힘들어서 이혼을 결심했다. 성급하게 진행한 결혼식의 끝은 불행이었다.

남녀가 오랜 세월 각자 따로 살다가 결혼이라는 울타리 안에서 맞춰 사는 것은 쉽지 않다. 서로 이해하고 배려하고 존중하는 노력이 필요하다. 이것은 서로 같이 노력해야 한다. 어느 한 명이 혼자서만 잘하려고 하면 그 사람은 분명히 먼저 지친다. 그럼 그 인연은 오래 지속될 수 없다.

결혼은 가족이 되는 약속이다. 가족은 서로 같이 노력하고 존중해야 한다. 물론 처음에는 어려울 수 있다. 하지만 화목한 가정을 위해 최선을 다해야 한다. 이혼이라는 최악의 상황을 너무나도 쉽게 생각하면서 포기하려고 하면 안 된다.

모든 사람의 결혼 생활에는 굴곡이 있다. 좋은 날이 있으면 불행한 날도 있는 것이 삶이다. 하지만 함께 헤쳐나가고 의지하는 것이 부부다. 이런 각오 없이 하는 결혼은 배우자에게 큰 상처를 준다. 상대방의 눈에 눈물 흘리게 하면 언젠가 본인의 눈에는 피눈물이 난다는 옛날 말이 있다.

좋지 않은 사람과 인연을 맺게 되면 그것 역시 이별은 빨리 온다. 좋은 사람을 볼 줄 아는 능력을 키우는 것도 중요하다. 하물며 정말 나쁜 사람들은 가면을 쓰고 착한 사람인 척을 하며 상대방에게 다가간다. 이런 경우에 제대로 알아보지 못해 속을 수밖에 없다. 이럴 때는 자신과의 관계를 원만하게 이어가기 위해 함께 노력하며 배려하고 존중해야 한다는 사실을 상대방이 알고 있는지 확인해야 한다. 그리고 그것이 행동으로 보여지고 느껴지는지 지켜보면 된다.

학창 시절부터 제멋대로 행동하는 C가 있다. 선생님께 꾸중도 많이 들었고 C의 부모님이 학교에 불려올 정도로 C는 사고뭉치였다. 부모님의 말씀 역시 귀담아듣지 않았다. 이렇게 부모님의 속을 썩이며 성장해온 C는 성인이 되었다.

성인이 된 이후에도 C는 변하지 않았다. 열심히 노력해서 일할 생각은 하지 않고 항상 부모님께 돈을 빌렸다. 그 돈으로 잘살고 있다면 어느 정도 용서가 되지만 C는 그렇지 않았다. 도박과 알코올 중독, 심지어 다른 사람에게 사기까지 범하며 지내고 있었다. C는 교도소까지 들락거리며 인생의 밑바닥까지 내려갔다.

그러던 어느 날 C는 부모님의 부고 소식을 듣게 된다. 장례식장에 갔고 부모님의 영정 사진을 보았다. 사진 속 부모님은 얇은 미소를 지으며 C를 바라보고 있었다. 순간 뇌리에 스쳐지나가는 것이 있었다. 태어나서 부모님께 한 번도 감사하다고 말씀드린 적이 없었다. 당연히 사랑한다고 말씀드린 적도 없었다. 제대로 된 효도를 해본 적이 없었다. 오히려 술이 만취된 상태에서 돈을 달라며 부모님께 행패를 부리기만 했다. 그제야 뒤늦게 C는 깨달았다.

하지만 부모님은 이 세상에 안 계신다. 효도하고 싶지만 늦었다. 엄청나게 후회했고 C는 장례식장에서 대성통곡하며 울었다. 그 이후로 C는 많은 것을 깨달았다. 새로운 삶을 살기 위해 부지런히 노력하며 지냈다. C는 현재 식당을 운영하며 돈을 많이 번다. 불우한 이웃을 도와주고 독거노인을 위한 단체에 기부도 많이 하고 있다.

옆에 있을 때 잘해야 한다. 지금부터라도 당신 옆에 있는 사람들이 정말 소중하다고 생각하며 존중하고 배려해야 한다. 그리고 나와 좋은 인연을 이어갈 수 있게 노력해주는 상대방에게 감사하다고 말해보자. 사랑한다는 말까지 한다면 완벽하다.

언제 끝날지 모르는 것이 인간관계이고 언젠가는 끝나는 것이 인간관계다. 세상에 영원한 건 없다. 물건도 오래 쓰면 낡고 고장이 난다. 동물도 나이가 들면 병들고 쇠약해진다. 인간관계 역시 영원하지 않다. 이건 어쩌면 당연하다.

10년 전, 20년 전, 30년 전… 본인의 모습이 어땠는지 떠올려보자. 세월이 흐르면서 외모도 조금씩 변했고 내면의 상태도 변했고 직업도 변했다. 더 성장하는 사람도 있을 것이고 나태해지는 사람도 분명히 있다. 사람은 변한다.

20년씩 우정을 이어가는 것도 좋다. 하지만 당신이 생활하는 공간에 맞춰 새롭게 만나는 사람들이 있을 것이다. 세월이 흐르면 내가 입는 옷이 바뀌듯 나에게 맞는 사람들도 달라진다.

인간관계에는 항상 유통기한이 있다. 그리고 그 끝에는 결말이 존재한다. 행복이 될 수도 있고 슬픔이 될 수도 있다. 행복이라면 더 할 것 없이 좋다. 하지만 슬픔이라면 후회와 미련 그리고 죄책감까지 따라온다. 이런 불행은 자신에게도 좋지 않다.

노력을 많이 했는데 발전이 없는 관계라면 어쩔 수 없다. 마음 굳게 먹고 너무 속상해하지 말자. 유통기한 지난 인간관계는 버려도 괜찮다.

그 사람은 절대
변하지 않는다

"헤어지자."라는 말을 밥 먹듯 버릇처럼 하는 남자가 있다. 사소한 문제로 조금이라도 다투면 남자는 헤어지자고 한다. 사소한 다툼의 끝은 항상 헤어짐이다. 제대로 된 사과를 한 번도 한 적이 없었다. 하지만 여자는 이런 말을 들을 때마다 매달리며 붙잡고 미안하다고 용서를 구한다. 아직은 사랑하는 마음과 정이 남아 있기 때문이다. 그리고 여자는 사랑하는 사람에게 최선을 다하고 싶어서다. 그렇게 했기 때문에 이 커플은 아슬아슬하게 유지하며 연애했다.

붙잡을 때마다 항상 남자는 금방 돌아왔다. 특별한 이유도 없이 너무 쉽게 헤어지자고 말하는 남자였다. 하지만 이렇게 불안한 연애를 하던 여자는 매 순간 최선을 다했고 곧 헤어지더라도 후회가 없을 만큼 노력하고 참았다.

사소한 문제로 다투는 원인을 찾고 서로 같이 노력해야 하는데 남자는 그렇지 못했다. 시간이 흐를수록 달라지는 점은 조금도 없었다. 이미 지칠 대로 지친 여자는 결국 먼저 헤어지자고 선언했고 인연은 끝이 났다.

말에는 책임이 따른다. 정말 헤어질 자신이 있을 때 해야 한다. 이별은 상대방에게 큰 상처를 주는 말이다. 좋지 않은 말일수록 조심하고 신중하게 해야 한다. 하지만 남자는 변하지 않았고 결국 인연은 끝났다. 이 남자는 다른 사람을 만나도 역시 쉽게 헤어지자고 할 것이다. 왜냐하면 남자는 스스로 반성하지 못했고 사람은 쉽게 변하지 않기 때문이다.

사람은 고쳐 쓰는 것이 아니다. 다른 누군가로 인해 변하는 것도 아니다. 그래서 어떤 사람과의 관계가 힘들다고 느끼더라도 그 사람을 바꾸려고 하면 안 된다. 바꾸려고 할수록 더 힘들어진다. 그리고 그 관계는 지금보다 더 나빠지게 될 것이다.

그 사람과 같이 있는 시간이 즐겁고 행복하다면 그 사람을 있는 그대로 받아들이고 즐기면 된다. 하지만 함께 있는 시간이 불편하다는 느낌을 자주 받게 되면 그 인연은 자연스럽게 정리가 된다. 분명 상대방도 같이 느끼고 있기 때문이다.

대학교 시절에 만나 연애를 시작해서 8년을 함께한 커플이 있다. 만난 기간이 오래되어서 가족처럼 느껴질 때도 있고 때로는 친구처럼 느껴질 때도 있다. 그러나 처음처럼 애틋하고 설레는 감정은 많이 줄어들었다. 하지만 그만큼 서로에 대한 정으로 채워져 있는 커플이다.

그런데 이 커플에게도 한 가지 심각한 문제점이 있다. 남자가 여자에게 의처증이 너무 심하다. 처음에 여자는 이런 감정도 사랑인 줄 알았다. 그래서 여자는 남자가 원하는 대로 주변 사람들과 모두 단절하고 남자친구만 만났다.

시간이 흘러 대학교를 졸업했고 여자는 바로 취업했다. 하지만 남자친구의 의처증 때문에 회사 생활을 유지하기가 힘들었다. 결국 여자는 입사와 퇴사를 반복했고 힘든 하루를 견디고 있었다. 부모님은 회사 생활을 잘 적응하길 바라는데 반복되는 이직으로 걱정을 끼쳐드렸다. 죄송한 마음과 나중에는 눈치까지 보였다. 여자는 뒤늦게 이 연애가 잘못되었다는 것을 깨닫고 남자친구에게 의처증이라는 질투형 망상 장애 병이 있다고 느꼈다. 물론 남자친구와 헤어지는 생각도 했다. 하지만 오랫동안 만난 정과 함께한 세월 때문에 나쁜 인연의 끈을 쉽게 놓지 못했다.

남자친구와 인연을 좋은 방향으로 이어가고 싶은 여자는 남자에게 의처증에 대해 진지하게 대화를 나누었다. 이해하려고 했고 변화될 때까지 기다려주겠다고 했다. 하지만 남자는 본인 스스로 의처증이라는 병을 가지고 있다고 느끼지 않았다. 사랑하는 방법이라고 말했다. 잘못된 것이 없다고 했다. 더 이상 이 문제로 대화는 안 될 것 같았다. 결국 남자는 여자를 계속 가둬두었고 여자는 점점 더 힘들어했다.

연애 중인 상대방에게 문제가 있다. 그 문제를 자신이 감당하며 살아갈 각오가 없으면 과감하게 손절하는 것이 좋다. 변하지 않는 상대방을 기대하며 힘든 관계를 유지하는 것보다 관계를 정리하고 자신의 진짜 모습을 되찾기 위해 노력하는 것이 훨씬 좋다.

사람이 변화되길 원한다면 자신의 잘못된 점을 인정하는 것부터 시작해야 한다. 바뀌는 건 쉽지 않다. 물론 인정하는 것 역시 쉽지 않다. 그런데 이것이 안 된다면 그 사람은 절대 변하지 않는다.

지금까지 만난 시간과 투자한 노력이 아까워서 헤어지지 못한다. 앞으로 발전하지 못하는 것을 알면서도 그만두지 못하는 것이다. 혹시나 변할 수도 있을 거라는 기대 때문이기도 하다. 하지만 바뀔 수 있었으면 벌써 바뀌었다. 오랜 시간 투자했던 노력과 희망은 여기에서 그만 멈춰야 한다. 그만두지 못하면 지금까지 걸린 시간에 몇 배 더 손해 보는 것이다.

'매몰 비용의 오류'에 해당이 된다. 미래에 발생할 효용이 크지 않음에도 과거에 투자한 비용이 아까워서 그만두지 못하고 계속 진행하는 어리석은 행동이다. 그 사람은 절대 변하지 않는다는 것을 알면서도 인연을 끊지 못하는 것을 말한다.

중학교에 입학하여 교실을 청소하던 시간이었다. 같은 반 친구들과 함께 역할을 분담하여 청소했다. 나는 빗자루로 바닥을 쓸고 있었고 다른 친구들은 창문을 닦거나 밀대로 복도까지 깨끗하게 청소했다. 이렇게 매주 토요일이 되면 다 같이 청소했다.

그런데 어느 순간 청소를 열심히 하는 사람이 따로 있었다. 반대로 놀거나 자리를 비우는 사람 역시 정해져 있었다. 같이 협동하여 청소하는 것이 맞는데 몇 명만 하고 있었다. 이런 상황이 반복되니 기분이 좋지 않았다. 청소를 열심히 하던 친구 중 한 명도 나와 같은 감정을 느끼고 있었다. 결국 학기가 끝날 때까지 변하는 것은 없었다.

나중에 청소를 열심히 하던 친구와 나는 동질감을 느껴 지금까지 잘 지내고 있다. 요즘에도 한 번씩 이야기한다. 그때 그 친구들은 자신 스스로 희생하지 않으려는 사람이었고 사람은 절대 변하지 않는다고….

어느 부부가 있다. 각자 살아온 세월이 있기에 단번에 서로를 맞추어 사는 것은 쉽지 않다. 그래서 사소한 문제로 많이 다투었다. 싸우게 되면 그 이유에 대해 반성하고 서로 노력해야 한다. 부부는 잘못에 대해 인정하고 고치기로 약속했다.

그러나 얼마 지나지 않아 비슷한 문제로 다시 다투었고 그런 상황이 반복되었다. 왜냐하면 한 사람만 노력하고 있었기 때문이다. 다른 한 사람은 잘못을 인정하고 반성하던 그 순간에만 뉘우치고 다음 날이 되면 고치기로 했던 모든 것을 잊고 지냈다. 일말의 노력조차 하지 않았다.

같은 실수와 반성 없는 태도에 실망감은 늘어만 갔다. 바뀔 거라고 기대했고 오랜 시간을 참고 버텼다. 기다려주고 대화하고 다짐까지 받아봤지만 변하는 것은 없었다. 아주 잠깐 나아지는 것 같았지만 결국 다시 제자리였다. 그럴 때마다 반복되는 상황에 상대방은 마음의 상처를 받는다.

이제는 냉정해져야 한다. 변하지 않는 사람은 먼저 끊어내야 한다. 자신은 스스로 지켜야 한다. 그리고 자신의 주변에서 이런 모습을 지켜보며 속상해하고 걱정하는 주변의 소중한 사람들을 위해서라도 나쁜 사람을 끊어야 한다. 나쁜 사람은 절대 변하지 않는다.

　　건강한 인간관계를 위해 노력해야 한다. 아무리 노력해도 노력한 만큼 보이는 것은 아니다. 하지만 진심으로 노력해서 무엇인가를 고치려고 한다면 이런 마음은 상대방에게 충분히 전해질 것이다.

06

나는 왜
행복하지 않을까?

나는 살면서 행복하다고 생각해본 적이 몇 번 있을까? 그리고 과거에 행복했었다고 기억하는 순간은 언제일까? 이런 질문을 자신에게 던져보자. 머뭇거리지 않고 바로 대답할 수 있는 사람은 몇 명 없을 것이다. 우리는 왜 행복하지 않을까?

친구 P와 갑자기 연락이 끊어졌다. 전화번호도 바뀌었다. P의 친언니에게 연락해서 안부를 물었다. 돌아오는 답변은 나중에 만나면 연락하라고 전해준다고 한다. 하지만 그 이후로 연락이 온 것은 없었다. 나쁜만 아니라 같이 어울리던 친구들 모두 연락하지 않고 지냈다. 시간이 흘렀고 이제 걱정보다는 P가 잘살고 있길 바라는 마음이 더 커졌다.

어느 날 갑자기 모르는 번호로 전화가 왔다. 설마 했는데 P였다. 너무 반가웠다. 그날 바로 P와 만날 약속을 잡았다.

그 당시 나는 결혼해서 서울에서 살고 있었다. P는 대구에서 살고 있었고 나를 만나러 서울까지 올라오겠다고 했다. 그래서 나는 말했다. "이만큼 나를 보고 싶었으면서 그동안 어떻게 참은 거야?"라고 말하며 P와 친근한 대화를 했다. 시간이 많이 흘러서 어색할 법도 한데 P와 나는 옛날 모습 그대로 농담하며 전화 통화를 마쳤다. P와 오랜만에 만날 생각에 설레었다.

맛집에서 같이 밥도 먹고 예쁜 카페에 가서 커피도 마시고 유명한 관광지에 데리고 가서 좋은 구경도 시켜줬다. 오랜만에 친구 P와 예전처럼 지내니 너무 좋았다. 그리고 연락이 끊긴 이유에 대해서도 들었다.

친하게 지내던 친구들이 그동안 너무 보고 싶었고 그리웠는데 만나는 것은 싫었다고 한다. 만나면 만날수록 예전에 알던 그때의 친구들이 아니라는 것을 느꼈다고 했다. 너무 많은 것들이 변했고 그때 그 시절 친구들이 아니어서 만나기가 싫었다. 그래서 연락을 끊었고 혼자 지내고 있었다. 그런데 막상 혼자가 되니 외로웠다고 했다. 결국 그중에서 제일 친했던 나에게 연락했고 나는 아무 일 없었던 듯 반갑게 받아줘서 고맙다고 말했다.

나는 어떤 상황이든 P가 내 친구라는 것은 변함없기 때문에 어떤 질타도 없이 연락받은 것이다. 그리고 그동안 안 좋은 일이 있었던 거라면 내가 최대한 도움을 주고 싶었다.

이렇게 친구 P는 모순된 복잡한 마음으로 인해 주변 지인들의 연락을 모두 끊었다. 그리고 결국 혼자 남게 되었다. 하지만 혼자가 되어보니 외롭고 쓸쓸하다. 아이러니한 순간이다. 이런 감정은 누구한테나 자주 찾아올 수 있다. 그러므로 부정적으로 생각하지 말고 그 순간을 잘 견뎌야 한다.

만나면 만날수록 그 시절의 친구가 아닌 것은 당연하다. 세월이 흘렀고 생각도 바뀌었고 우리의 모습이 변화된 것들도 많다. 나는 거주지까지 옮겼으니까 말이다.

외로운데 같이 있는 것은 싫다. 보고 싶은데 만나기는 싫다. 이런 모순된 감정을 버려야 한다. 현재 변화된 이 상황을 즐길 수 있도록 노력해야 한다.

친구 K는 결혼했다. 그런데 K 부부는 곧 이혼을 앞두고 있다. 이혼 사유는 성격 차이다. 아직 아기도 어린데 이혼하는 것이 안타까웠다. 아무리 성격 차이라도 조금만 더 맞춰보면 되지 않냐고 말렸다. 친구 K의 결정은 변함이 없었다. 도대체 어떤 성격이기에 자식을 두고 이토록 매정하게 이혼할 수 있냐고 물어봤다. K는 남편에게 힘들었던 일, 속상했던 일, 슬펐던 일, 우울했던 일, 괴로웠던 일처럼 안 좋은 이야기는 절대 꺼낼 수 없는 그런 사이라고 말했다.

부부는 가족이다. 가족이기 때문에 좋은 일이 있을 때 같이 기뻐하며 축하해주는 것은 당연하다. 슬프거나 힘든 일이 생겼을 때도 공감하며 위로해주는 것이 부부 사이다. 어떤 일이 있더라도 함께해야 한다고 생각한다. 남편이 친구 K를 가족이라고 받아들이지 못하고 있는 것일까?

친구 K는 자신이 겪었던 좋지 않은 일에 관한 이야기를 남편에게 하면 안 된다고 했다. 그때마다 남편은 K를 짐짝처럼 느꼈기 때문이다.

어느 순간부터 K는 남편에게 애써 아무렇지 않다고 항상 괜찮은 척을 했다. 고민을 이야기하고 슬픔을 나눌 수 없었다. 짐이 되기 싫었고 짜증 낸다는 말을 듣기 싫었다. 결국 K는 마음속에 하나둘씩 숨길 수밖에 없었다. 나중에는 기쁜 일도 말하기가 싫어지는 지경까지 왔다. 결국 모든 마음이 멀어졌고 남아 있던 정도 떨어졌다. 결혼 생활이 행복하지 않다고 느꼈다.

괜찮지 않은데 괜찮은 척하며 살아가는 건 행복하지 않다. 물론 힘들다고 말을 해서 결과가 달라지는 건 아니다. 하지만 누군가 자신에게 "많이 힘들었지, 그래 그건 정말 힘들 수 있겠다."라고 위로의 말 한마디만 들어도 힘이 생긴다. 신기하다. 진심으로 위로 받고 내 편이 있다는 생각에 든든하다. 하지만 힘들어도 힘들다고 말하지 못하며 살아가는 것은 마음의 병까지 얻을 정도로 괴롭다.

더군다나 부부 사이에 힘든 일을 공유하며 위로해주지 못한다면 이것은 영혼 없는 관계나 다름없다. 소통할 수 없어서 받는 고통은 생각 이상으로 아프다.

공무원 공부를 9년 동안 하던 친구 C가 있다. 정말 열심히 노력했는데 결과는 항상 똑같았다. 불합격이었다. 다른 사람들처럼 밤잠 줄여가며 공부했고 최선을 다했다. 하지만 뜻대로 되지 않았다. 그래서 C는 자신이 항상 무엇을 해도 안되는 사람처럼 느껴진다고 말했다. 오랜 시간 공무원이라는 직업 하나만을 바라보며 공부했던 C는 나이가 많이 들었고 다른 무언가를 시작할 수 있는 자신감도 없었다. 자존감이 많이 낮아진 상태였다.

이것은 자신의 인생에 대해 부정적인 생각을 할 만큼 극심한 스트레스다. 어쩌다가 친구 C는 청년 일자리 지원 사업 상담을 받으러 갔다. 조언을 얻어 C는 회계사 사무실에 사무직으로 취업하게 되었다. 하지만 C는 얼마 지나지 않아 그만두었다. 작은 실수를 할 때마다 자신이 부족해서 일을 엉망으로 만든다는 자책 때문에 회사 생활을 할 때마다 눈치를 보며 지냈다. 이런 감정이 점점 심해져서 C는 더 이상 회사 다니는 것이 불행하다는 생각이 들었다.

스트레스를 받지 않고 살아갈 수는 없다. 하지만 어떤 이유로 스트레스를 받는지 그 원인을 알고 있다면 조절은 가능하다. 그리고 어느 정도 해결 방안도 있다.

나무가 많이 있는 곳으로 가서 산책하기, 자신이 좋아하는 음식 먹기, 좋아하는 노래 음향을 평소보다 크게 틀어서 듣기, 예쁜 옷을 사기, 친구들을 만나서 대화하기 등이 있다.

지금 처한 상황이 고통스럽고 힘들고 우울할 수 있다. 누구나 살면서 인생의 굴곡은 모두 겪는다. 하지만 그 상황을 자책하며 괴로워하지 말자. 그리고 포기하지 말자. 각자 모두 나름대로 취향에 따라 스트레스를 잘 해소하여 조금 더 긍정적이고 행복하게 살면 좋겠다.

'퍼블릴리어스 사이러스'는 스스로 행복하다고 생각하지 못하는 사람 중 행복한 사람은 없다고 말했다. 이처럼 부정적으로 생각하면 계속 불행해질 수밖에 없다.

'패트리샤 소녀'는 행복은 바로 지금 행복한 감정을 느끼는 것이라고 했다. 그러므로 지금부터라도 '나는 행복한 사람이다'라고 말하자. 앞으로 행복한 일이 계속 생길 것이다.

07

우리는 왜
놓지 못하는 걸까?

　나에게 긍정적인 기운을 주는 사람과의 인연은 오래도록 유지하고 싶다. 항상 긍정적으로 생각하는 사람에게는 주위에 좋은 사람이 많다. 그리고 그 인연으로 인해 여러 도움도 많이 받는다.

　반대로 부정적인 감정을 느끼게 하는 인연과 계속 유지한다면 만날 때마다 나도 부정적인 생각을 하게 된다. 그리고 그 사람과 관계를 이어가는 것이 부담스럽고 벅차다.

　그러나 이런 힘든 인연을 쉽게 놓지 못하고 있다. 옷깃만 스쳐도 인연이라는 말 때문에 어떤 사람이든 소중하다고 생각하는 것은 아닐까?

친구 W는 남자친구와 13년 동안 연애했다. 대학생 때 캠퍼스 커플로 유명했다. 졸업 후 친구 W는 대구에 살고 있고 남자친구는 서울에 살고 있다. 주말마다 만나서 데이트하며 잘 지냈다. 하지만 보고 싶어도 만날 수 없었기 때문에 둘은 항상 외로웠다.

한 번 만나기 위해 많은 시간과 비용이 소요되었다. 그래서 매주 주말마다 만났던 데이트가 2주에 한 번씩 보게 되고 나중에는 한 달 만에 만나게 되었다.

장거리 연애를 시작하면서 걱정하던 것이 현실로 되었다. 남자는 친구 W에게 거짓말도 했다. 거리가 먼 곳에 살고 있으니 W가 모를 것이라고 생각했다. 이렇게 둘은 서로 신뢰도 조금씩 잃어가고 있었다.

시간이 흐를수록 둘은 장거리 연애에 점점 지쳐갔다. 연락하는 횟수도 줄어들게 되면서 연애하는 기분이 들지 않는 정도까지 되었다. 하지만 W는 남자친구와 헤어질 수 없었다.

대학생 때부터 만나왔던 추억으로 인한 정이 많이 들었기 때문이다. 이런 W와 연애 중인 남자친구도 정이 많은 사람이다. 결국 연애 같지 않은 연애를 하며 13년이라는 시간이 흘렀다. 지금까지도 둘은 커플이다.

하지만 헤어질 생각은 하지 않고 있다. 오래된 친구 같은 사이다. 헤어진 다면 친구를 한 명 잃는 것과 같은 기분이라고 했다. 하지만 이런 관계는 억지로 붙잡고 있는 사이처럼 보인다. 시간이 많이 흐르기 전에 둘 중 한 명이 냉정하게 손을 놓았다면 어떻게 되었을까? 각자 더 행복한 연애를 할 수 있지는 않았을까?

여러 부류의 사람이 있다. 소심한 사람, 배려심이 없는 사람, 이기적인 사람, 거짓말을 잘하는 사람처럼 다양한 성격의 사람들이 있다. 해로운 사람과 소통하며 지내는 것은 좋지 않다. 물론 나와 깊은 사이라고 하면서 겉으로만 좋은 척을 한다. 그러나 실질적으로는 남보다 못한 사이다.

나쁜 사람인 걸 알면서 그 인연을 마음대로 놓지 못한다. 소심하거나 우유부단한 성격 때문이 아니라 정이 많아서 그렇다. 대체로 정이 많은 사람은 마음이 여리다. 그래서 상대방이 아무리 나쁜 사람이라도 냉정하게 행동하지 못한다.

어느 한 부부가 있다. 부부에게는 어린 아들이 있다. 이제 곧 10개월이 되었다. 돌도 지나지 않은 갓난아기이다. 그런데 부부 사이가 원만하지 않다. 아기가 어려서 육아가 힘든 아내와 바쁜 회사 생활에 지친 남편은 시도 때도 없이 싸우게 되었다. 둘은 각자 서로 스트레스가 많이 쌓였다.

나에게 좋은 사람이 좋은 사람이야

그래서 이것으로 인해 매우 예민해진 상태이다. 예전보다 더 많이 싸우며 오해가 깊어져갔다.

싸우게 되는 횟수가 잦아질수록 부부는 점점 지쳐갔다. 나중에는 같은 공간에 같이 있는 것도 싫어지는 감정을 느끼게 되었다. 결국 둘은 같은 집에서 함께 생활할 수 없다고 생각한다. 그러나 부부에게는 어린 아들이 있다. 이혼이라도 한다면 나중에 아들이 커서 받을 상처는 어떻게 보듬어줘야 할지 막막했다.

결국 부부는 아들이라는 공통된 목적 때문에 헤어지지 못하고 부부 사이를 유지하고 있다. 서로에게 좋지 않은 감정을 가지고 살면서 아들을 위해 참고 버티며 지내고 있는 부부는 마음이 힘들다.

현재는 남편의 회사가 많이 바빠진 것이 사실이다. 하지만 이것도 지금 진행 중인 업무가 잘 마무리되면 여유로워진다. 그때까지 기다리며 부부가 서로 배려해주고 이해한다면 둘의 사이가 괜찮아질 수도 있다.

지금은 부부가 이혼하면 아들이 받을 마음의 상처가 크다. 정신적으로 심각하게 고통받을 것이 분명하다. 이런 감정적인 부분이 너무 염려스럽다. 그래서 부부는 서로 놓지 못하고 있다. 그런데 보통의 대부분 부부는 이렇게 살고 있다.

정말 너무 싫은 사람이다. 이미 정이 다 떨어졌다. 같은 공간에 있는 것도 싫고 그 사람의 그림자를 보는 것도 싫다. 같이 생활하는 것이 너무 고통스럽다. 하지만 그 사람과 연관되어 있는 공통적인 부분이 있고 공통된 목적 때문에 쉽게 끊어내지 못한다. 가위로 종이를 자르듯 잘라내서 끊고 싶다. 뒤도 돌아보지 않고 헤어지고 싶다. 냉정한 사람처럼 행동하고 싶다. 정말 진심으로 그렇게 하고 싶지만 할 수 없는 것이 현실이다.

친구 B는 항상 눈치를 많이 본다. B가 친구 C에게 어떤 질문을 했다. 그런데 C가 마침 그때 운동을 하는 중이었다. 하지만 친구에게 연락이 왔으니 빠르게 답장을 해줘야 한다고 생각했다. 그래서 C는 짧은 답변이었지만 그 질문에 대해 답장을 보냈다.

그런데 B는 원래 이렇게 짧게 답장을 보내지 않는다는 것을 알기에 자신이 무엇을 잘못해서 화가 났다고 오해했다. C는 상황 설명을 모두 했고 오해는 풀어졌다. 하지만 친구에 대한 편안한 감정이 많이 사라졌다. 그리고 대화할 때마다 항상 조심스럽게 말을 해야 한다고 느꼈다. 이런 일이 있은 후 매우 신경이 쓰이고 불편했다.

평소에 친구 P와 같이 식사하며 잘 지냈던 회사 직원이 있다. 그런데 어느 순간부터 그 직원이 점심시간을 통해 자기 계발을 위해 시간을 보내야 했다. 그래서 회사 직원은 더 이상 P와 함께 점심시간을 함께하는 것이 곤란해졌다. 매번 집에서 도시락을 만들어왔고 밥을 먹는 시간을 아껴가며 개인적인 시간을 보냈다.

하지만 그런 모습을 보던 P는 신경이 쓰였다. 자신이 무엇을 잘못해서 화가 났을 거라고 착각했다. 회사 직원으로부터 점심시간을 같이 보내지 못하는 이유에 대해 직접 설명을 들었음에도 끊임없이 오해했다. 그래서 P는 그 직원과 자신의 관계가 멀어져간다고 느꼈다. 혼자만의 착각이다. 다시 가까워지려고 노력하기 위해 회사 직원에게 매일같이 커피와 간식을 사다 주었다.

하지만 회사 직원은 달라지는 것이 없었다. 자기 계발을 위해 여전히 점심시간을 이용했다. 결국 P는 지쳤고 그 직원을 자신의 착각으로 인해 혼자 스스로 미워하곤 했다.

상대방이 변했다고 느껴진다. 과거의 좋았던 순간을 생각하며 그때 그 상태로 유지하고 싶어 한다. 관심이 집착으로 바뀐 것이다.

오해가 있든 아니든 상대방으로부터 달라진 모습을 느낀다. 그럼 자신도 똑같이 차갑게 행동하려는 사람들이 생각보다 많다. 그러면 그렇게 지내다가 서서히 손을 놓아버리면 된다. 하지만 이렇게 행동하면 상대방에게 자신과 똑같은 상처를 주게 된다고 느낀다. 그래서 보통의 사람들은 쉽게 변하지 못한다.

　나쁜 인연임에도 쉽게 끊지 못하는 사람들을 보면서 주위에서는 미련하다고 한다. 그러나 절대 미련한 것이 아니다. 상대방을 배려할 줄 아는 것이다. 상대방의 마음을 헤아려주고 있기 때문이다. 그리고 최대한 상대방의 입장에서 이해하는 것이다.

　한 번 맺은 인연을 냉정하게 놓지는 못하지만 몇 번씩이나 되돌아보는 정이 많은 따뜻한 마음을 가지고 있다.

　이제 나만 놓으면 모든 것이 정리될 것을 알고 있다. 하지만 행복했던 순간들이 떠오른다. 그 사람과 좋았던 추억 때문에 잡은 손을 놓지 못한다. 예전처럼 돌아갈 수 있을 거라는 기대를 하지만 그럴 일은 없다. 이미 끝난 관계는 더 이상 의미가 없다. 상대방을 놓아주는 것까지도 사랑이다.

　그러나 자신이 후회되는 순간이 떠오른다면 그 인연을 끊어내선 안 된다. 최선을 다하지 않은 관계는 미련이 남기 마련이다. 이런 감정을 느낀 상태에서 정리한다면 당신은 앞으로 살아가는 삶이 불행하다. 후회와 미련이 당신에게 고통으로 남게 될 것이기 때문이다.

　우리는 우리 자신을 위해 상대방과의 인연을 쉽게 끊어내지 못하는 것이다. 한 번 맺은 인연에 대해 감사하고 소중하다고 느끼며 최선을 다해야 한다.

2 장

남한테
좋은 사람이
되려고
애쓰지 마라

남의 감정까지
내가 감당할 의무는 없다

팀원 다섯 명이 단합해서 완성해야 할 과제가 있다. 그래서 우리 팀은 일주일에 세 번씩 모여 토론하며 준비했다. 그런데 팀원 중 A는 약속 시간에 매일 지각했다. 그리고 참여할 때마다 '이렇게까지 해야만 될까? 그냥 대충하자, 빨리 끝내자, 그만하자.' 이렇게 부정적인 말을 자주 했다. 처음에는 그러려니 했는데 점점 반복되니까 팀에 속한 사람들 역시 같이 흔들리게 되었다.

이것은 분명히 내 의지와는 다르게 누군가 한 명의 기분으로 인해 전염되는 감정이다. 이럴 때 나는 다른 사람 기분에 영향을 받지 않기 위해 그 기분의 출처를 깨달아야 한다. 남의 감정까지 내가 감당할 의무는 없기 때문이다. 다른 사람의 부정적인 말 때문에 나까지 부정적으로 흔들릴 필요가 없다는 뜻이다.

이런 상황일 때 오히려 내가 힘들어하는 팀원 A를 위로하며 다독여준다면 어떻게 될까? A는 나를 의지하며 좋은 사람으로 기억할 것이다. 그리고 분명히 단합이 잘되어 과제도 좋은 결과가 나오게 된다.

회사 생활을 하다 보면 다른 사람의 기분에 영향을 받는 일이 많다. 업무 과다로 시간에 쫓기며 예민해진 사람, 상사에게 화풀이를 당해 억울한 사람, 회사 업무와 상관없이 개인적인 일로 기분 나쁜 사람, 말만 하면 부정적이고 신경질적인 사람 등이 있다.

이런 사람들과 같이 있으면 나도 그 감정이 전달되어 마음이 불편해지고 눈치를 보게 된다. 그렇다고 회사 안에서 마냥 피해 다닐 수도 없다. 업무를 하다 보면 같이 진행해야 할 상황이 생기기 때문이다.

이럴 때 남의 감정에 대해 너무 휘둘리지 말아야 한다. 나는 그 사람에게 친절하고 예의를 갖춰 잘해줬다. 하지만 상대방은 나에게 인상을 찌푸리고 매너 없게 행동한다면 더 이상 상대방의 감정을 돌봐줄 필요가 없다.

나는 최선을 다 했으니 그 이상의 감정은 내 것이 아니다. 그건 상대방의 문제다. 괜히 어림잡아 그 감정을 나에게 가져올 필요는 없다. 그 추측은 정확한 것이 아니다. 그래서 상대방과 나 사이에 괜한 오해가 생길 수 있다.

아무런 잘못이 없는데 이유 없이 싫어하는 사람이 있다. 원하는 스타일이 아니거나 본인 마음에 들지 않아서 기분이 나쁘다는 것이 이유다. 납득할 수 없는 이유로 싫어한다.

특정 공인이 본인에게 어떠한 피해를 준 적도 없다. 그런데 비방이나 인신공격하며 악성 댓글을 남긴다. 온라인은 익명성이 보장된 곳이기에 표현의 자유라는 명분으로 화를 푸는 악플러들이 있다. 명확한 이유가 없으니 앞에서는 말을 못 하고 뒤에서 많이 한다.

더군다나 온라인에서는 잘못된 내용이 퍼지면 바로잡기가 힘들다. 그리고 그 속도 또한 매우 빠르다. 악플러의 감정에 쉽게 휘둘리는 것이다.

결국 이런 악플러들 때문에 고통을 호소하거나 심지어 극단적인 선택까지 하는 피해자가 생긴다.

내 감정의 선택권은 나에게 있다. 남의 감정을 곧 내가 느낀 감정이라고 생각하지 말자.

이탈리아의 신경심리학자 '리촐라티'에 의하면 타인의 행동을 거울처럼 반영하는 신경 세포를 '거울 뉴런'이라고 한다.

타인의 행동을 보고 있거나 어떤 행동이 일어나는 과정에 대해 이야기를 듣기만 해도 자신이 그 행동을 하는 것처럼 활성화된다. 그런데 재미있는 것은 이 뉴런은 행동뿐만 아니라 감정이나 감각을 느끼는 데도 관여한다.

길에서 지나가던 사람이 넘어졌는데 잠시도 주저앉지 않고 금방 일어나는 모습을 보았다. 넘어져서 아픈 것보다 많은 사람 앞에서 넘어진 것이 부끄러운 것이다.

이 장면을 보며 나도 같이 느낀다. 아무리 모르는 사람이지만 그 순간 부끄러운 감정이 이해된다. 이처럼 그 사람과 대화하지 않았지만 어떤 감정인지 느끼는 것이다.

병원에서 아픈 어린아이의 몸에 링거를 꼽기 위해 그 아이의 손가락 길이 정도 되는 큰 주사기 바늘을 찔러야 한다. 아이는 주사기를 보며 겁이 나서 울고 있다. 하지만 결국 간호사는 아이의 몸에 주사기 바늘을 찔렀고 아이는 대성통곡하며 운다. 이 모습을 보면서 그 아이의 링거 꽂힌 자리가 얼마나 따끔거리고 불편할지 느껴진다.

다른 사람에게 전염된 감정은 나의 잘못이 아니다. 나도 모르는 사이에 다른 사람의 감정이 자연스럽게 스며들었을 뿐이다. 분명히 알아야 할 것은 내가 만들어낸 감정이 아니라는 것이다. 그런데 이런 감정에 사로잡혀 스스로 자책했던 적은 없을까?

내 감정이 아닌 것에 괴롭고 슬프고 화가 날 필요가 없다. 내 마음과 머릿속에서 나가게 하면 된다. 내 소중한 하루의 행복을 다른 사람 때문에 낭비하지 말자.

다른 사람의 기분과 감정을 너무 돌봐주려고 하지 말자. 남의 감정에 신경을 많이 쓰고 있으면 결국 내 감정에 소홀하게 된다.

"저 사람은 왜 얼굴을 찡그리고 화가 났을까?"
"나한테만 일을 많이 시키는 이유가 뭐지?"
"내가 물어보면 왜 항상 단답형이야?"
"나한테만 이렇게 심한 말을 하는 거 아닐까?"

매일같이 이런 생각을 하게 되면 나중에는 내가 무시당했던 느낌, 화가 났었던 기분 등의 감정을 챙기지 못하게 된다. 밤에 자려고 누워서도 생각난다. 그럼 밤새 잠을 못 자고 다음 날까지 힘들어진다. 남의 감정으로 인해 내가 피해를 보는 것이다.

신경 쓰던 남의 감정도 알고 보면 별 것 아닐 때가 있다. 단순히 그 사람의 개인적인 일 때문이다. 그리고 그 개인적인 일 역시 금방 해결되는 것을 본 적이 있다. 정말 아무 일도 아니었다.

남의 감정까지 내가 감당하면서 살게 된다면 끝이 없다. 나한테 했던 말이나 기분 나쁘게 했던 일들이 생각나서 꼬리에 꼬리를 물고 계속 기분이 나빠진다.

남의 감정이 아니라 내 감정에 관심을 가져야 한다. 내가 오늘 상처받았거나 무시당했거나 기분이 나쁘면 나를 돌봐줘야 한다. 좋아하는 노래도 실컷 듣고, 늦잠도 자고, 예쁜 옷도 한 벌 사면서 수고한 나를 위해 보상한다. 그리고 생각한다. 저 사람은 원래 그런 사람이구나. 나랑 다른 세계에 사는 사람이구나.

사회생활, 친구 관계, 연인 관계처럼 모든 인간관계에는 감정이 존재한다. 남의 감정까지 내가 감당할 의무는 없다.

처음에는 어렵다. 하지만 이것도 습관이다. 다른 사람의 말을 너무 마음속에 담아두면 그 감정이 나를 지배한다. 이런 상황이 발생하기 전에 나쁜 감정의 말들은 모두 흘려보내야 한다. 물론 그 감정의 출처에 대해 정확하게 알고 보내야 한다.

그리고 수고한 나를 위해 다독여주고 보상해주자. 남의 감정까지 내가
감당할 의무는 없으니까.

혼자 잘해주고
상처받지 말자

사람은 누구나 보상 심리가 있다. 자신이 잘했다고 생각한 것에 대해 칭찬이나 보답 받고 싶어 한다. 인정받고 싶고 자신의 존재를 표현하고 싶은 마음이 있기 때문이다. 그런데 보상은 상대방의 반응에서 오는 것이다. 상대방이 원하지 않으면 아무런 보상은 없다.

이런 반응에 기대가 크면 상처받게 된다. 스스로 잘 조절할 줄 알아야 한다. 자신을 침착하게 유지해야 한다.

보상에는 특별한 것이 없다. 내가 상대방에게 10을 했으면 상대방은 나에게 3~4 정도만이라도 표현하는 것이다. 이런 규칙이 꼭 정해진 것은 아니지만 이건 상대방에 대한 예의다.

내가 무언가를 받았으면 그 사람에게 나도 무언가를 해주어야 하는 것이 더불어 살아가는 방식이다. 그런데 이런 표현조차 없는 사람에게 내가 아무리 잘해봤자 의미가 없는 것을 느낄 때가 있다. 그럼 결국 내가 상처받고 실망하게 된다.

그날은 초복이었다. 친구 Y는 시댁 어른들에게 인사를 드리러 갔다. 전날 미리 과일가게에 예약해둔 크고 맛있는 수박을 사서 들고 갔다. 그런데 수박을 보시더니 왜 이렇게 큰 것을 샀냐며 다 못 먹는다고 말씀하셨다. 너무 큰 수박을 샀고 비싸다는 이유로 시댁에 도착하자마자 Y는 기분 좋지 않은 말을 들었다.

과일가게에 일부러 좋은 수박으로 부탁해서 가져갔는데 그런 말을 들으니 친구 Y는 마음이 좋지 않았다. 너무 서운했다.

점심시간이 되어 Y는 시댁 어른들과 같이 식사했다. 메뉴는 국수였다. 집에서 같이 만들어 먹었다. Y는 당연히 국수 만드는 것을 도왔다. 식사 후 설거지까지 깨끗하게 마무리하고 집에 갔다.

며칠 뒤 친구 Y는 남편에게 들었다.

"시댁에 가서 아무것도 하지 않고 집에서 만든 음식 그냥 받아먹었다면서?"

"아니 그런 것은 아닌데…?"

"어머니께 전화로 모두 이야기 들었어."

"나도 국수 만드는 거 준비할 때 도와드렸어. 그리고 설거지까지 해놓고 집에 왔어."

시어머니는 남편에게 잘못된 사실을 전달했다. Y는 일부러 복날을 의미하며 어른들을 뵈러 갔다. 점심도 같이 먹으며 함께 대화도 하고 시간을 같이 보냈다. 하지만 시댁에서는 남편에게 오히려 안 좋은 내용을 전달했다. Y는 그 내용을 들은 뒤 다시는 시댁에 잘해드리고 싶지 않단 생각을 했다.

Y가 시댁에 수박을 사가면서 보상을 기대하며 간 것은 아니다. 하지만 사실과 다른 내용을 전달했기 때문에 예의 없는 며느리로 만든 시댁의 태도에 실망했다. 사소한 말일지 몰라도 Y는 기분이 나빴다.

칭찬을 기대했던 것은 아니다. Y 입장에서는 충분히 할 수 있는 것이니 시댁 어른들에게 최선을 다하고자 했던 마음이다. 그런데 이런 마음을 시댁에서는 무시했다. 친구 Y는 실망이 매우 컸다.

보상받는다는 기대는 절대 하지 않았다. 상대방 역시 받은 것에 대한 보답은 전혀 생각하지 않고 있다. 오히려 사실과 다른 내용을 전달함으로써 성의를 표현했던 사람의 마음을 짓밟아버렸다. 두 번 다시는 그 사람에게 잘해주고 싶은 마음이 아주 조금도 들지 않는다.

보답할 줄 아는 마음을 가진 사람에게 챙겨주고 응원해주고 위로해주는 것이 좋다. 누가 시킨 것도 아니다. 하지만 스스로 보답하려는 마음을 가지고 노력한다. 이런 것을 보면 좋은 사람인지 아닌지 구분할 수 있다. 큰 걸 바라는 것이 아니다. 작지만 자신의 마음이 담긴 그런 표현 방법을 말한다.

한 남자가 헐레벌떡 약국으로 뛰어 들어오며 말했다.

"딸꾹질을 멈추게 하는 약이 있습니까?"

"그런 약은 없지만, 딸꾹질을 멈추게 하는 아주 좋은 방법은 알고 있습니다."

말이 떨어지기가 무섭게 약사는 남자의 따귀를 세게 때렸다. 짝! 소리와 함께 남자의 볼이 금방 벌겋게 부어올랐다. 영문도 모르고 눈앞에 별이 번쩍일 정도로 따귀를 맞은 남자는 얼굴을 감싸 쥐며 소리쳤다.

"당신 미쳤소?"

약사는 득의양양한 표정으로 웃으며 말했다.

"어때요? 이제 딸꾹질이 멈췄죠?"

"딸꾹질을 하는 건 우리 아버지란 말이요!"

이 일화를 소개한 책 『한방에 꽂히는 유쾌한 처세술』은 다음과 같이 질문한다. 당신이 배려라고 여기는 것은 당신만의 착각일 수도 있다. 상대방을 위한다는 당신의 배려가 당신의 생각과 당신의 기준에 맞춘 것은 아닌가?

상대방을 위한다고 생각했다. 하지만 다시 생각해보면 상대방에게 직접 물어보고 확인한 적은 없었다.

사소한 것을 잘 챙겨준다. 응원의 말을 잘하며 위로해주고 격려해주면 상대방은 감동받는 경우가 많다. 그러나 이것을 상대방이 항상 긍정적으로 받아준다는 보장은 없다.

가끔은 상대방의 자존심을 상하게 만드는 경우가 있다. 나는 좋은 뜻으로 했는데 상대방은 불편할 수 있다. 상대방이 가난하게 보인다고 해서 무작정 도움을 주려고 하면 안 된다. 그 사람에게는 상처가 될 수도 있다. 만약 상처가 된다면 나에게 돌아오는 것은 상대방의 좋지 않은 태도다. 결국 잘해주려고 하다가 나쁜 말만 듣는다.

상대방에게 잘해주는 방법이 오해가 되지 않으려면 먼저 상대방의 의사표현을 물어보는 것이 좋다. 물어보지 못하는 상황이면 무조건 상대방의 입장에서 먼저 생각해봐야 한다. 좋은 마음도 너무 서두르면 안 된다.

다른 사람에게 잘해줄 때는 조금의 보상도 바라지 않는 것이 좋다. 하지만 현실은 말처럼 쉽지 않다. 혼자 잘해주고 상처받는 것보다 보상을 바라지 않는 마음으로 지내는 것이 더 쉽다. 기대하지 않으면 된다. 기대가 크니까 실망도 큰 법이다.

상대방에게 좋은 마음을 갖고 긍정적인 뜻으로 선한 영향력을 주면 기분이 매우 좋다. 이런 기분을 느끼며 행동하고 있는 자신에게도 좋다. 내가 느끼는 그 마음 그대로 좋은 사람에게 좋은 뜻으로 잘해주자.

다른 사람에게 잘해주고 보상받지 못하였다고 해서 실망하지 말자. 마음의 상처를 받으면 일상생활에 집중이 되지 않을 정도로 속상하고 신경이 쓰인다. 그러면 내가 생활하고 있는 상황이 힘들어진다.

내가 행복하고 즐겁고 기분 좋은 마음으로 잘했다면, 그것만으로도 나에게 스스로 보상받은 것이다.

03

뒷담화에 흔들리지 않는
태연함을 가져라

살면서 한 번이라도 다른 사람의 이야기를 안 해본 사람은 없다. 뒷담화하는 순간에는 즐겁고 재미있을 수 있다. 하지만 그 대화가 끝이 나면 불안하고 죄책감까지 든다.

가끔은 자신이 주도해서 뒷담화할 때도 있고, 다른 사람이 하는 뒷담화에 동의하며 같이할 때도 있다. 그리고 어떤 때는 자신이 뒷담화의 대상이 되기도 한다.

우리는 사회생활을 하다 보면 여러 상황에 노출되어 있다. 그리고 대부분 뒷담화하는 분위기에 흔들린다.

친구 P의 시댁은 특이하다. 연애 시절에 빨리 결혼하라고 재촉하셨던 시댁 어른들이다. 그래서 결혼 후 친구 P는 시댁 사랑을 듬뿍 받을 것이라는 기대에 부풀어 있었다. 하지만 예상과 다르게 결혼 후 시댁에서는 친구 P와 남편 사이를 이간질하고 있었다.

시댁 어른들은 며느리를 몇 번 만나보지도 않았고 대화를 많이 한 적도 없다. 그런데 성격이 예민하고 소심하다는 부정적인 말을 P의 남편에게 자주 이야기했다. 그리고 경제권을 절대로 친구 P에게 넘기지 말라고 당부했다.

그렇다고 헤어지길 바라는 것은 아니다. 그런데 끊임없이 이간질하고 며느리에 대하여 거짓된 상황을 꾸며내서 아들에게 알려준다. 아들은 부모님의 말씀이니까 무조건 믿었다. 그러면서 아내를 점점 색안경 끼고 보게 되었다.

P는 정말 속상했고 정신적으로 피폐해져갔다. 부부 사이에 금이 가는 것을 느꼈고 그 원인이 둘의 문제가 아니라 시댁 어른들의 문제였으니까 말이다.

친구 부부는 원래 부부싸움이 없었다. 그런데 시댁과 관련된 사건이 생기면 그날은 무조건 싸움이 되었다. 이런 생활이 반복되니 친구 부부는 힘들었고 지쳐갔다. P의 남편은 자신의 중심을 잘 잡고 부모님이 아내의 이야기를 함부로 하더라도 흔들리지 말아야 한다. 그런데 그렇게 하지 못했다.

아무런 잘못이 없는데 그 사람을 싫어하는 것은 분명히 그 사람에게 문제가 있다. 그 사람의 머릿속이 꼬여 있고 인성이 못된 것이다. 그리고 바라보는 시선이 엉망진창이다. 함부로 확대 해석하여 다른 사람에게 사실인 것처럼 말하는 것이 습관인 사람들이다.

이런 사람들은 피해망상에 사로잡혀 있는 것이 특징이다. 예를 들면 자신이 그런 생각을 했었고 그런 일을 겪었기에 다른 사람들도 똑같이할 것이라고 어림짐작하는 것이다. 정말 수준 떨어지는 사람들이다.

자신의 잘못이 아니다. 그 사람들의 잘못이다. 그 사람의 잘못을 본인이 자책할 필요가 없다. 기죽지 말자.

간호사로 지내고 있는 학교 선배 J가 있다. 선배는 곧 이직할 생각이다. 그 이유는 직원들의 뒷담화가 힘들어서 회사 생활을 더 이상 버티기 힘들다는 것이다. 어떤 뒷담화인지 자세히 알 수는 없다. 하지만 선배는 점심시간에 식사도 할 수 없을 만큼 매우 외롭고 고통스러웠다.

충격적인 것은 예전에 같은 팀 후배 C가 사내 따돌림을 당했을 때 선배가 그 후배를 잘 다독여주고 챙겨주었다. 하지만 이번에는 돌고 돌아 그 따돌림이 선배에게 온 것이다. 그런데 그 후배는 이런 상황을 눈감고 모르는 척을 했다. 배신감이 들었고 미웠고 원망스러웠다.

선배는 자신이 할 수 있는 모든 것을 해보았다. 윗선에 보고하여 이런 따돌림 문화의 심각성에 대해 상담도 해보고 도와달라고 요청했다. 하지만 달라지는 것은 하나도 없었다. 돌아온 답변은 오히려 선배가 그 사람들에게 사과하라는 것이다. 미안하다고 한마디만 하면 된다고 했다. 악감정은 없으니 미안하다고 사과하면 금방 풀고 예전처럼 같이 웃으며 잘 지내겠다고 하는 것이다.

피해자는 선배 J이다. 그런데 왜 용서를 구해야 하는 걸까? 단순한 뒷담화로 시작했던 것이 나중에는 사내 따돌림으로 이어졌다. 마음의 상처와 정신적으로 심각한 피해를 당했다. 힘든 하루를 보내고 있는 선배에게 오히려 사과하라고 하다니 말도 안 되는 소리였다. 선배 J는 억울했다.

도와줄 거라고 믿었던 윗사람들에게 오히려 마음의 상처만 더 받게 되었다. 결국 선배 J는 다니던 회사를 그만두었다.

우리는 다른 사람들의 감정 노예가 아니다. 다른 사람들이 당신을 어떻게 생각하고 판단하든 그건 그 사람들의 자유다. 그 감정으로 인해 당신을 흔들거나 무너뜨릴 권한은 없다. 자신을 아껴주고 소중하게 생각해주는 좋은 사람들과 소통하면서 살아야 한다.

친구 K는 남의 핑계를 잘 댄다. 친구들과 만나기로 했던 모임에 참석하지 못했다. 그 이유는 남편이 아파서 간호해야 하니 못 만난다고 했다. 하지만 진짜 이유는 코로나 때문이었다. 코로나에 전염되기 싫었다. 그래서 친구들 모임에 참석하고 싶지 않았다. 그리고 또 다른 이유는 최근에 다퉜던 친구도 참석하는 모임이었다. 아직 그 친구를 만날 용기가 나지 않았다.

K는 다퉜던 친구에 대해 아직 화가 나 있었다. 그 친구가 미웠다. 둘은 서로 오해가 있었다. 오해라는 것은 사실대로 일어난 일이 아니므로 서로 상황 설명을 충분히 해서 풀면 된다.

하지만 K는 그 상황 설명을 들었는데도 불구하고 그 말을 믿지 않았다. 자기 뜻대로 부정적으로 생각하며 과대 해석했다. 너무 많이 미워하고 원망하고 있었다. 이런 식으로 뒷담화하며 자신은 아무런 잘못이 없다고 했다.

자기방어를 엉뚱하게 하는 사람이 내 곁에 있으면 좋지 않다. 나도 모르게 내가 상처받거나 피해당하게 된다. 왜냐하면 잘못된 자기방어로 인해 양심에 죄책감 하나 없이 어떤 행동이든 할 사람이기 때문이다.

가끔은 나의 뒷담화에 대해 모든 것을 다 알고 있지만 모르는 척해주는 기술도 필요하다. 다 알면서 그냥 속아주는 것이다. 굳이 좋지 않은 이야기를 하면 분명히 말다툼하게 될 것이고 그 관계는 불편하게 된다. 그러므로 그냥 조용하게 넘어가는 것도 필요하다. 말다툼으로 인해 하루 종일 신경이 쓰이는 것보다 피하는 것이 상책이다.

하지만 계속 반복된다면 이것은 잘못된 것이다. 분명하게 짚어줄 필요성이 있다. 모두가 다 알고 있는 거짓말에 매번 속아주면 나중에는 뒷담화뿐만 아니라 거짓말까지 계속해도 되는 만만한 사람으로 생각하기 때문이다.

어떤 사람들은 뒷담화를 정서적 교감, 정보의 공유라고 긍정적으로 생각하기도 한다. 말하고자 하는 내용이 사실인지 아닌지가 중요한 것이 아니다. 같이 어울리는 사람들끼리 같은 주제로 대화하고 이것을 공유한다. 이렇게 함으로써 심리적으로 연대감을 형성한다고 느낀다.

하지만 뒷담화는 같이 있지 않은 사람에 대한 험담이다. '음식물 쓰레기 같은 말을 전달하는 사람이나 그걸 좋다고 받아들이는 사람이나 둘다 같다.'라는 명언이 있다. 뒷담화는 비방을 목적으로 확실하지 않은 이야기를 함부로 하는 것이다. 이런 관계로 연대감을 형성해봤자 그 사람들의 인성은 뻔하다.

뒷담화를 긍정적으로 생각하며 정보의 공유 그리고 정서적 교감이라고 생각하는 것은 잘못되었다. 한 번 했던 말은 다시 주워 담을 수 없다. 나쁜 말을 했던 사람들이 책임 회피를 목적으로 하는 변명일 뿐이다.

'모여서 누군가를 험담하는 사람들의 특징은 끊임없이 목표 대상이 바뀐다는 점이다. 이미 그 무리에 참여한 이상 그들끼리 자멸하는 것은 시간 문제다.'라는 명언처럼 뒷담화에 흔들리지 않는 태연함을 가지는 것이 매우 중요하다.

04

다른 사람
눈치 보지 말기

누군가 자신을 거절하면 민망하고 부끄럽고 불안해하는 사람이 있다. 상대방에게 무언가를 부탁하기 위해 메시지를 보낸다. 그 후에 상대방이 보낸 답장이 부정적일까 봐 두려워서 곧바로 확인하지 못하는 사람도 있다.

축하할 일이 있거나 감사한 마음 또는 응원의 표현으로 상대방에게 선물을 건넨다. 이때 상대방이 필요하거나 좋아할 만한 것으로 고민해서 선물을 고른다. 결정하기까지 고민했던 그 마음만으로 상대방은 고마워할 것이다. 그런데 이 선물에 대해 상대방이 진심으로 마음에 드는지 몇 번씩이나 반복적으로 확인하는 사람들이 있다. 그리고 그 선물을 어떻게 사용했는지, 얼마큼 남았는지, 어디에 있는지까지 궁금해하는 사람이 있다.

이런 성향을 가지고 있는 사람들은 거절에 대해 두려워하고 불안감 그리고 심하면 배신감까지 느낀다. 이것을 거절 민감성이라고 한다. 부정적인 사회적 반응에 민감하게 반응하는 특성이다. 거절 민감성이 높은 사람은 상대방으로부터 실제로 거절당하지 않았는데 자신이 느끼기에 거절을 당한 것 같다고 생각한다. 그리고 비판받으면 기분이 가라앉고 자존감도 하락한다.

다른 사람의 눈치를 많이 보는 사람들의 특징이다. 혼자 부정적으로 생각하는 것이 많아지면서 이러한 증상이 생긴다. 이러한 느낌은 마치 자신의 감정에 압도당해서 매우 강렬하게 다가와 자신을 스스로 갉아먹는 것과 같다.

직장 동료 K는 자신이 하는 업무에 대해 불만이 많다. 자신이 해야 하는 주 업무와 다른 일을 하게 되면 얼굴에 싫은 표정이 모두 표현된다. 정말 사소한 일이고 아주 쉽게 할 수 있는 것인데 이마저도 K는 절대 용납하지 못한다.

회사 생활을 하면 자신이 맡은 업무와는 별개로 다른 것도 같이할 수 있다. 물론 자신이 하는 업무에 방해되면 안 된다.

직장 동료의 일을 아주 조금만 도와주는 것인데도 K는 정말 하기 싫어했다. 힘든 일이 아니다. 시간이 오래 걸리는 것도 아니다. 그런데 K는 단순히 남의 일이어서 하기 싫어했다. 이뿐만 아니라, 자신을 싫어해서 혹은 자신을 힘들게 하려고 이런 업무를 시켰다고 오해한다. 그런데 사실은 단순히 도와달라는 의미가 전부였다.

결국 불만이 많은 K는 일을 부탁했던 동료에게 따져 물었다.

"혼자서도 충분히 할 수 있는 일인데 왜 나까지 끌어들이냐? 그동안 내가 이 정도로 마음에 안 들었던 거야?"

동료는 말문이 막혔다. 도움을 받으면 빨리 끝낼 수 있었기 때문이다. 그래서 도와달라고 했던 것이며 절대 다른 이유는 없었다.

K는 무작정 화를 냈다. 일을 부탁했던 동료는 오해라고 말했다. 오해를 풀고 싶어 K에게 몇 번씩이나 말을 건넸다. 하지만 K는 화를 내며 마음에 상처를 주었고 기분을 풀지 않았다. 자신을 싫어한 것이 아닌데 혼자 부정적으로 받아들인 것이다.

시간이 흐른 후 K는 그 동료의 눈치를 보기 시작했다. 자신을 싫어한다고 생각하기 때문이다. 그래서 무언가를 할 때마다 그 사람을 피해서 행동했다.

사내 식당에 밥을 먹으러 갔는데 빈자리가 그 직원 근처에만 있었다. 그러면 K는 그날 점심식사를 하지 않았다. 이 정도로 눈치를 많이 봤다. 자신의 괜한 오해 때문에 불필요한 행동까지 하면서 힘든 생활을 했다.

눈치 보는 사람들 대부분 어떤 말이나 행동에 대해 개인적으로 받아들이는 성향이 많다. 상대방이 하고자 하는 말은 나쁜 의도가 아닌데 스스로 부정적으로 받아들이는 것이다. 그리고 혼자 화를 내거나 상처받는다.

만약에 어느 누군가 자신에게 기분 나쁜 행동을 하거나 상처를 주는 심한 말을 했다. 그러면 그것은 나보다 그 사람의 문제일 경우가 많다. 거절당했을 때도 그것은 의도치 않은 다른 이유가 있을 수 있다.

자신을 싫어하거나 골탕 먹이려고 혹은 자신에게 스트레스를 풀기 위해 그런 행동을 하는 것이 아님을 알아야 한다. 괜한 오해로 인해 부정적으로 받아들이면 안 된다. 이런 것들이 반복되면서 다른 사람의 눈치를 보는 것이다.

혼자 부정적인 생각을 많이 하면 상대방을 쉽게 오해하게 된다. 이런 오해를 바탕으로 판단하고 결정을 내리기 이전에 그 사람에 대해 한 번 더 확인할 필요가 있다.

스스로 판단하는 것은 부정적인 생각을 하기 때문에 제3의 인물에게 상황 설명을 한 후에 물어본다. 이런 상황에 어떻게 하면 되는지 도움을 받는 것도 좋다.

체육 대회가 있는 날이었다. P는 달리기를 매우 잘한다. 그래서 학급 대표로 P가 선발이 되었다. 그런데 P는 원래부터 달리기를 잘했던 것은 아니다. 자신이 잘하는 것은 아무것도 없다고 생각했다. 그러던 어느 날 체육 시간에 오래달리기 1000미터를 했는데 P가 1등을 했다. 자신도 이런 운동 실력이 있을지 몰랐다.

P는 앞으로 자신이 잘하는 것이 무엇이냐고 질문을 받으면 달리기라고 자신있게 말할 수 있게 되었다. 그리고 좋아하는 것도 달리기가 되었다.

그러던 어느 날 P는 등교할 때 타고 온 버스에서 하차하는 도중에 사고가 발생했다. 발목이 꺾이면서 버스를 내렸다. 이렇게 P는 발목에 있던 인대가 끊어졌다. 인대 봉합 수술을 받았다. 수술 후 재활 치료까지 진행하며 약 세 달 동안 발목을 무리해서는 안 되었다. 처음 두 달은 휠체어와 목발을 사용하며 제대로 걷지도 못했다. 그래서 좋아하던 달리기도 하지 못했다.

한동안 달리기를 못했던 P는 암울했다. 발목 때문에 앞으로는 그토록 좋아했고 잘하던 것을 그만둬야 한다고 생각했다. 이렇게 P는 스스로 자존감을 낮추고 있었다.

시간이 흐른 후 학교 내 체육 대회가 열렸다. 오래달리기 1000미터 경주도 있었다. 학급 친구들은 모두 하나같이 P를 추천했다. 어느 누가 할 것 없이 오래달리기 1000미터 경주에는 당연히 P가 선발되어야 한다고 생각했다. 친구들의 추천과 반 강제적인 압박으로 P는 달리기 선수로 확정되었다.

시합이 시작되기 전에 P는 한동안 스스로 달리기 연습을 했다. 하지만 기록이 너무 안 좋았다. 다른 친구가 선발되는 것이 더 좋을 것 같다는 생각이 들 정도로 기록은 하찮았다. 이때부터 P는 친구들의 눈치를 보기 시작했다. 자신을 믿고 있는 친구들에게 실망을 준다고 생각했기 때문이다. 하지만 학급 친구들 모두가 P를 응원했고 용기를 낼 수 있게 도와주었다. 친구들이 기대에 실망하지 않기 위해 P는 정말 최선을 다해 연습했다.

결국 시합 당일 P는 오래달리기 1000미터 경주에서 1등을 했다. 기록을 봤을 때 선발된 다른 반 선수들보다 월등히 잘했다. 이런 경험을 했던

P는 현재 국가대표 육상 선수가 되었다.

눈치를 보는 사람들은 먼저 과거에 겪었던 내면의 사건에 대해 자신의 감정을 달래야 한다. 자신을 있는 그대로 받아들여야 한다. 잘하는 것도 받아들이고 부족한 부분과 하고 싶은 일과 좋아하는 것을 찾아보아야 한다. 그리고 이것을 통해 내면의 욕구가 무엇인지 알아야 한다.

눈치를 보는 것은 자신을 사랑하기 때문에 그렇다. 자신은 정말 소중한 존재이기 때문에 다른 사람에게 부정적인 대상이 되고 싶지 않아서이다. 꾸준히 자신 스스로 긍정적인 생각을 할 수 있도록 노력하면 점점 괜찮아진다.

현재 모습
그대로도 충분해

자신을 학대하는 방법은 다양하다. 내 마음에 상처가 생겨도 무심하게 행동하는 것이다. 처음에는 작은 상처였지만 나중에는 흉터로 남는다. 그래도 신경 쓰지 않는다.

나를 돌보지 않는 것이 당연한 상황이 되었다. 건강을 챙기지 못했고 정신적으로도 피폐해졌다. 이런 상황까지 온 것을 느꼈지만 여전히 혹사 시키고 있었다.

다른 사람에게 잘 보이기 위해 외적으로 자신을 꾸미거나 독서를 하며 지식을 쌓고 마음을 수양한다. 끊임없이 노력하고 지금보다 더 발전된 자신을 만들기 위해 혹독하게 채찍질한다. 내가 더 높은 자리로 올라가기 위해 자기 계발하며 열심히 노력한다.

물론 이렇게 하지 않는 사람도 많다. 하지만 피나는 노력을 했을 때 돌아오는 보상은 정말 뜻이 깊다.

그러나 너무 혹독하게 나를 채찍질했을 때 결과가 더 나빠지는 경우가 있다. 무언가를 시작하려고 할 때 자신감이 쉽게 생기지 않고 두려움 때문에 시작도 하지 못한 채 포기하는 경우가 있다. 항상 실패하다 보니 성공에 대한 갈망이 나중에는 자신과 상관없는 일이라고 단정 짓는다.

현재의 내 인생에 대해 관대해야 한다. 다른 사람에게 해주던 위로의 말들을 나에게는 한 번도 하지 않았다.

"잘될 거야"

"현재 모습도 충분해"

"정말 잘하고 있어"

"괜찮아"

이런 말을 하며 나를 되돌아보고 위로해주어야 한다. 다른 사람에게 위로 받길 기다리기보다 내가 먼저 나를 위해 응원하자.

외적인 것이 전부가 아니다. 현재 내가 가지고 있는 것들에 대해 감사하는 마음을 가지자. 그러면 적어도 본인 스스로 사랑할 줄 아는 사람들은 자발적 학대는 하지 않는다. 자신을 되돌아보고 아껴주고 챙긴다. 자신을 존중하고 아끼면 자연스럽게 다른 사람에게도 잘 배려하고 존중하게 된다.

학창 시절 교통사고를 당해 심한 화상을 입은 같은 반 친구 P가 있다. 얼굴이 화상 때문에 피부가 많이 상했다. 그래서 성형 수술을 네 번이나 받았다. 이외에도 몸 여러 군데 화상 자국이 많았다.

병원 진료가 있는 날이면 매번 학교에 출석하지 못했다. 하지만 그 외에는 착실하게 등교해서 친구들과 어울리기 위해 노력했다. 얼굴이 부끄럽다는 생각은 전혀 하지 않고 예전보다 더 밝은 모습으로 지내려고 하였다. 주변에서 어떤 친구는 P를 멀리하기도 했지만 상처받지 않고 당당하게 지냈다.

그리고 가끔 친구들이 P에게 물어본다.

"예전에 사고 나기 전의 모습으로 돌아가게 해준다면 그렇게 할 거야?"

"아니"

P의 대답은 예전 모습으로 돌아가지 않는다고 말했다. 친구들은 모두 예상치 못한 답변에 놀랐다.

"지금 이 모습이라도 행복해. 예전의 나도 지금의 나도 나니까"

현재 얼굴과 몸의 일부분은 화상으로 인해 남들이 보면 흉하다고 느끼는 것은 사실이다. 하지만 친구 P는 누구보다 건강한 마음을 가지고 있었다. 전혀 부끄러워하지 않고 당당하고 밝게 지냈다.

그랬더니 P를 멀리했던 친구들도 점점 생각을 바꿔서 가까이 다가왔다. 그리고 P는 학교 내에서 모르는 사람이 없었다. 외모는 화상으로 인해 다른 친구들과 다를지언정 그 누구보다 밝고 긍정적인 마음을 가진 친구로 유명했다.

이렇게 시간이 흐른 뒤 학년이 바뀌었고 그해에 친구 P는 학급 반장까지 되었다. 대부분 외모가 남들과 다르면 위축된다. 이런 감정이 심각해지면 자퇴를 원하기도 한다. 하지만 친구 P는 외모를 극복하고 사람들과 다른 모습을 장점으로 승화시켰다.

항상 긍정적으로 생각하고 매사에 감사한 마음을 가져야 한다. 그리고 현재의 모습 그대로를 만족하며 살아야 한다. 욕심내지 않고 자신이 처한 상황에서 최선을 다한다면 좋은 일은 자연스럽게 따라온다. 좋은 생각을 하는 사람에게 좋은 일이 찾아오는 것은 당연한 이치다.

다른 사람들이 자신의 좋지 않은 상황과 외모에 대해 비하하더라도 절대 개의치 않고 당당하게 지내야 한다. 위축되거나 자존심이 상해서 숨어버리면 그 사람들은 당신을 만만하게 여겨 더 심하게 평가하고 함부로 대한다.

오히려 긍정적이고 밝게 생활하는 것을 상대방이 본다면 당신에 대해 다시 생각할 것이다. 왜냐하면 그 사람들이 하지 못하는 것을 당신은 실행하고 있기 때문이다.

당신은 당신의 편에서 스스로 발전시켜 그 사람들로부터 이긴 것과 다름없다. 이긴 것이라고 하면 말싸움으로 이긴 것이 아니라, 내 감정으로부터 자신과 이긴 것이다.

친구 K는 결혼 후 신경 쓰는 것이 매우 많아졌다. K는 시댁이라는 새로운 집안 환경에 적응하는 것과 시댁 식구들을 챙기는 것이 부담스러웠다. 결혼 전에 생각했던 것보다 더 힘들었다. 왜냐하면 잘 보여야 한다는 강박 관념이 K를 너무 힘들게 했다. 자신은 그런 뜻이 아닌데 시댁 식구들이 나쁘게 느낄 것이라는 여러 가지 생각이 K를 힘들게 했다.

나중에는 이런 불안한 감정이 K를 지배했다. 그래서 시댁 식구들을 만나는 것이 불편했다. 한 번이라도 만나면 그 뒤 계속 걱정한다. 차라리 만나지 않는 것이 K의 마음을 안정시켰다. 그런데 문제는 이런 식으로 계속 지낼 수 없는 노릇이다. 친구 K는 스스로 생각을 바꿔야 하고 감정도 다르게 가져야 한다.

'모든 사람이 나를 좋아할 수는 없어.'
'나를 좀 싫어하면 뭐 어때.'
'모든 사람은 완벽하지 않으니까.'
'다른 사람이 나를 어떻게 평가하는지 신경 쓸 시간에 나를 위해 자기계발하는 시간으로 보내자. 그 사람 때문에 내 소중한 시간을 함부로 쓰기에는 너무 아까우니까.'

오히려 이렇게 긍정적으로 생각하면 나를 위해 좋다. 정말 발전된다. 그리고 분명히 기억해야 할 것은 내 모습 그대로가 제일 훌륭하고 멋있다. 다른 사람에게 잘 보이기 위해 나를 억지로 꾸밀 필요가 없다. 자연스러운 것이 제일 보기 좋다.

　그리고 가장 중요한 것은 당신은 사랑받기 위해 태어난 사람임을 잊지
말자.

06

남을 위해
나를 잃지 말기

보통의 사람들 대부분은 자신보다 남을 먼저 생각하고 챙긴다. 그리고 남을 위해 희생하고 양보한다. 가끔은 나를 포기하기도 한다. 이것을 '배려'라는 이름으로 포장한다. 나도 힘들고 아프고 지치고 눈물이 난다. 하지만 자신보다 남을 먼저 챙기는 습관에 익숙해져서 자신을 돌보는 방법은 잘 모른다. 나는 점점 지쳐간다. 나의 존재감이 없어지는 것 같다. 남을 챙기는 것에만 바쁜 내 모습이 너무 안쓰럽다.

어린아이는 자신을 잘 챙긴다. 배고프다고 울고 잠이 온다고 칭얼댄다. 갖고 싶은 장난감이 있으면 장난감 가게 앞에 주저앉아 자신의 의견을 모두 표출한다. 이건 모두 자신을 사랑하기 때문에 하는 행동이다. 어린아이는 자신에게만 집중하기 때문이다.

그러나 점점 성장해가며 우리는 자신보다 남을 먼저 챙기고 다른 사람에게 관심을 더 많이 가진다. 그리고 다른 사람이 나를 어떻게 생각할지 신경 쓴다. 잘못된 평가라도 받으면 밤새 걱정하기도 한다. 이처럼 다른 사람에 대해 지나치게 많이 생각한다. 그래서 정작 자신이 힘들고 지쳐서 아픈 것은 돌보지 못한다.

새벽 5시가 되면 딸아이가 잠을 깨서 뒤척이는 소리에 나도 같이 눈이 떠진다. 태어난지 200일이 지난 예쁜 딸은 아침에 일어나면 아기 침대에 누워 혼자 방 안 곳곳을 신기하다는 듯 바라보며 웃고 있다. 나는 아직 잠이 덜 깬 눈으로 일어나서 딸의 얼굴을 마주 보며 같이 웃어준다. 이렇게 나의 하루는 시작된다.

아기가 먹을 이유식을 준비한다. "맘마 먹자."라고 하면 내 말을 알아듣는 듯 함박웃음을 짓는다. 내가 숟가락을 입 근처로 가져가면 아기 새가 입을 벌리듯 너무 잘 먹어준다. 이런 사소한 것이 얼마나 감사한지 모른다. 내가 직접 만든 이유식을 내 딸이 잘 먹어준다는 것에 너무 감사하고 보람차다. 이런 행복한 기분 때문에 내가 하나부터 열까지 식단표에 맞추어 이유식을 직접 만드는 이유다. 재료 손질은 각 재료에 맞게 잘해야 하고 이유식 보관에도 신경을 잘 써야 한다. 물론 내가 더 바빠진 것은 맞다. 하지만 내 딸이 태어나서 처음 맛보는 음식을 내가 직접 좋은 재료로 만들어주는 것이 아기 몸에 좋으므로 나는 잘 할 수 있다.

배부르게 먹인 후 트림을 시킨다. 이제부터 본격적인 육아가 시작된다. 진심으로 놀아줘야 한다. 성의 없이 하면 눈치 빠른 딸은 무표정으로 나를 쳐다본다. 민망하고 분위기가 싸하다.

범보 의자에 딸을 앉힌 후 각종 장난감을 하나씩 꺼내서 보여준다. 노래와 반짝이는 불빛이 나오는 장난감은 손에 직접 들고 살랑살랑 흔들어준다. 딸은 함박웃음을 지으며 좋아한다. 알록달록한 책을 꺼내서 한 장씩 넘기며 보여준다. 그러면 책을 만지려고 손을 뻗는다. 만지고 싶어 하는 딸에게 책을 손에 쥐어주면 곧장 입으로 가져간다. 한두 살 아기들은 모든 것을 입에 넣어 탐색하고 싶어 하기 때문이다. 아기들이 좋아하는 소리가 나오는 장난감을 들고 이리저리 왔다 갔다 한다. 나는 재롱 아닌 재롱을 부린다. 나중에 딸이 성장하면 이제 입장은 바뀐다. 딸이 내 앞에서 춤을 추며 재롱을 피울 것이다. 얼마나 사랑스럽고 행복할지 상상만 해도 너무 좋다.

이렇게 계속 놀아주는 것도 너무 오래하면 안 된다. 아기들은 집중력이 길지 않기 때문에 금방 지루해한다. 칭얼대면 딸을 안고 집 안 곳곳을 돌아다닌다. 베란다 밖을 보여준다. 자동차가 지나가는 것도 보여주고, 나무도 보여주고, 하늘에 떠다니는 구름도 보여준다. 그리고 멀리 보이는 서울 남산타워도 보여주며 말한다. 이건 자동차, 나무, 구름, 남산타워 등등.

딸은 내 품에 안겨서 편안함과 포근함 그리고 안정감을 느꼈는지 곧 잠이 든다. 아기 침대에 딸을 눕힌 후 나는 2차전이 시작된다. 본격적인 집안일을 한다. 아기 빨래 정리하기, 젖병 씻고 소독하기, 아까 가지고 놀던 장난감 정리하기…. 아직 여기까지 밖에 하지 못했는데 낮잠을 자던 아기는 금방 일어난다. 조금밖에 안 잔 것 같은데 딸은 기분이 좋은지 나를 쳐다보며 해맑게 웃어준다. 정신없이 집안일을 하던 나는 딸이 한 번 웃어주면 그대로 녹아버린다.

자고 일어난 딸을 위해 다시 이유식을 먹여주고 놀아주고 재우고 반복한다. 저녁 시간이 다가오면 목욕할 준비를 한다. 욕조에 목욕물을 받고 아기를 씻긴다. 발로 물장구를 치며 내 얼굴에 물을 다 튀게 한다. 내 옷에도 거품 물이 다 묻었다. 그래도 딸은 신이 나서 계속 물장구를 친다. 좋아하는 모습을 보면 나도 좋다. 같이 웃으며 "아이구 우리 딸 잘한다." 칭찬하며 목욕을 마무리한다.

목욕 후 탈수 증상 때문에 분유를 꼭 많이 먹인다. 확실하게 트림을 시킨 후 잠을 재운다. 이제 밀린 집안일을 마음 놓고 편하게 할 수 있는 시간이다. 모든 것을 마무리한 후 나는 아기가 자는 방에 설치된 홈 카메라를 켠다. 카메라를 실시간으로 지켜보며 나는 책을 쓴다. 요즈음 뒤집기를 한창 하는 딸이 걱정되어 수시로 딸이 자는 방을 왔다 갔다 하며 몸을 돌려준다. 가끔 자다가 꿈을 꿔서 놀라고 무서워서 울 때가 있다. 그럼 안아서 다시 재운다. 홈 카메라를 통해 수시로 아기가 자는 모습을 체크해야 한다.

내 시간을 육아에 모두 쓴다. 나보다 아기에게 더 집중한다. 가끔은 배가 고파도 못 먹고 화장실을 가고 싶어도 못 간다. 목이 말라서 물을 먹고 싶어도 참을 때가 있다. 종종 내 모습이 안쓰럽다고 느껴진다.

가끔 거울 놀이를 하려고 아기를 안고 거울에 비친 모습을 보여준다. 해맑게 웃으며 너무 좋아한다. 나도 거울에 비친 내 모습을 보면서 한번 웃는다. 나를 위한 응원과 격려가 담긴 웃음이다.

항상 아기에게만 신경을 쓰고 아기를 위해 집중한다. 대부분 사람은 지금 아기가 많이 어려서 당연히 그렇게 할 수밖에 없는 시기라고 생각한다. 하지만 당연한 것은 어디에도 없다. 왜 당연하다고 생각해야 하는

지 모르겠다. 나도 나의 모습이라는 것이 있고 내 존재라는 것이 있다. 자신을 절대 잃어버리면 안 된다.

현재 내가 하는 일은 육아다. 하지만 내 존재감을 상실할 만큼 아기를 돌보아야 하는 것은 아니다. 가끔 나를 위해 칭찬도 하고 위로도 하고 보상도 해야 한다. 내가 기분이 좋아야 아기에게 더 잘한다. 내가 기분이 나쁘면 아기도 그 감정을 모두 느낀다. 아직 말은 못 하지만 사람에 대한 감정 그리고 느낌은 다 알고 있다.

나는 나를 위한 보상으로 여러 가지를 생각하고 있다. 지금은 아기가 어려서 무언가를 쉽게 할 수 없다. 하지만 아기는 성장하고 있다. 바르고 건강하게 키운 후에 할 것이다. 조용하게 나만의 시간을 가지며 커피 한 잔 마시기, 못 잤던 잠 푹 자기, 나무가 많은 곳에 가서 산책하며 멍때리기 등.

누가 보면 사실 별거 없다. 소소한 것들이다. 그렇지만 지금 내가 처한 상황에서는 쉽게 할 수 없는 것들이다. 할 수 없어서 더 하고 싶다.

보통 다른 사람들은 무언가를 자신에게 스스로 선물을 주기도 한다. 이처럼 자신이 가장 하고 싶고 그걸 했을 때 만족하는 보상을 하면 된다.

항상 남을 위해 모든 시간을 투자하고 자신의 생각까지 남에게 지배되어 살아온 사람들이 있다. 매우 바쁘다. 남을 위해 무언가를 끊임없이 신경을 쓴다. 다른 사람과 잘 지내는 것이 사회생활을 할 때 꼭 필요한 요인이긴 하다. 하지만 적당히 해야 한다. 너무 잘하는 것도 나중에는 자신에게 상처로 돌아올 수 있다. 남이라는 것은 언젠가 가면이 벗겨질 것이고 언젠가 자신을 버리거나 떠날 수 있다. 그러므로 앞으로는 자신을 사랑하고 나에게 관심을 가져야 한다. 나부터 사랑하자.

처음에는 쉽지 않다. 하지만 조금씩 나를 칭찬해주는 것부터 시작하자. 지금까지 너무 잘했고 앞으로도 잘될 것이다. 남을 위해 나를 잃지 말자. 제일 소중한 것은 어느 누구도 아닌 내 자신이다. 내가 좋으면 주위 사람들에게 좋은 기운을 전염시킨다.

07

남한테 좋은 사람이 되려고
애쓰지 마라

다른 사람한테 잘 보이고 싶은 마음은 누구나 가지고 있는 공통된 욕심이다. 다른 사람의 긍정적인 평가에 의해 자신의 위치가 상향되기도 한다. 반대로 부정적인 평가를 받으면 내가 잘못했다는 자책감과 우울감 그리고 자신감마저 상실하게 된다. 그러면 다음에 경험할 일들에 대해 두려움이 생기기도 한다. 이 모든 것은 남한테 좋은 사람이 되려고 애쓰다 보면 발생한다. 남의 평가와 시선에 관심을 둔다. 자신의 주체는 내가 되어야 한다.

자존감이 낮을수록 다른 사람의 평가에 흔들린다. 그리고 자존심을 내

세운다. 자존감이 높은 사람은 자신을 평가하는 어떠한 의견에서도 쉽게 휘둘리지 않는다. 그리고 함부로 자존심을 내세우는 일이 적다. 이것은 마음의 여유 차이다. 다른 사람의 의견을 잘 받아들이고 마음이 관대한 것이다. 다른 사람의 부정적인 평가로 인해 기분이 나빠지지 않는다. 오히려 아기를 바라보듯 웃을 수 있는 여유가 있다.

'똥차가면 벤츠 온다'라는 말이 있다. 지금 만나는 연인과 헤어진 후에는 더 좋은 사람을 만난다는 뜻이다. 그런데 사실 이 말은 자신의 연애가 실패로 끝난 뒤 한층 더 성숙해져야 해당이 된다. 반성하고 성숙해졌기 때문에 이전에 만났던 사람보다 더 좋은 사람을 만나는 의미이다.

여기에서 더 좋은 사람이란 집안이나 학력, 재력이 아니다. 사람의 됨됨이를 말한다. 그런데 그 사람의 됨됨이가 아무리 좋더라도 같이 노력해서 함께 잘 맞추면서 연애해야 한다. 스스로가 성숙해지면 다른 사람을 이해하는 방법을 잘 알게 된다.

자신에 대한 반성과 성찰이 없다면 발전이 없다. 연애하며 헤어진 것에는 두 명 모두 영향이 있다. 자신이 끼친 영향에 대해 잘 깨닫고 반성해야 성장할 수 있다.

다른 사람에게 잘하려고 애쓰지 말자. 먼저 자신을 되돌아보자. 그리고 성장과 발전을 위해서 끊임없이 노력하자.

인생은 흘러가는 것이 아니다. 하나씩 채워가는 것이다. 그리고 단순하게 하루를 보내는 것이 아니다. 내가 가진 능력으로 채워가는 것이다. 시간이 흐르면 흐르는 대로 생각 없이 산다면 내가 원하는 것을 쉽게 이루지 못한다. 남에게 모든 것을 맞추고 신경 쓰면 정작 나를 위한 것은 시도해보지도 않고 지나가버린다. 이런 식으로 나의 소중한 시간을 낭비하지 말자.

친구 P가 있다. P는 부부싸움을 하면 항상 자신이 참는다. 처음부터 이렇게 했던 것은 아니다. 그러던 어느 날 부부싸움을 할 때 P의 남편은 싸움의 강도가 더 심해졌다. 처음에는 나쁜 말 정도로 끝났다. 하지만 나중에는 물건을 집어던졌다. 그리고 예전에는 나쁜 말 정도였다면 최근에는 욕을 섞어서 말을 한다. 남편의 문제점이 매우 많았다.

그런데 이렇게 부부싸움의 정도가 심해지면 항상 친구 P만 손해였다. 약하니까 자신보다 조금 더 강한 남편에게 당할 수밖에 없었다. 친구 P는 남편이 달라지길 기다렸다. 분명히 다시 괜찮아진다고 기대했다. 그래서 계속 참았다. 원만한 가족 관계의 유지를 위해 P는 아무리 화가 나더라도 참았다. 자신 잘못이 아닌데도 P는 먼저 사과했다.

이것은 잘못된 방법이었다. 참는 것보다 부딪혀야 한다. P는 남편을 변화시키겠다는 마음보다 남편의 생각을 먼저 들여다봐야 했다. 이후에 그 생각에 대해 자신의 의견을 제시하는 방법으로 관계를 풀어나가야 했다.

이렇게 했는데도 진정이 안 될 수 있다. 그럴 때는 이 싸움에 대해 해결하기 위해 다양한 방법을 시도해야 한다. 남편의 안 좋은 모습을 보지 않기 위해 자신의 화를 참고 억누르는 것은 나중에 화병을 부른다. 정말 참아야 할 사람은 P의 남편이다.

좋은 사람으로 보이기 위해 행동하는 연기를 멈춰야 한다. 솔직하게 대화해서 자신의 실수가 있다면 인정하고 반성해야 한다. 그게 정말 좋은 사람이 되는 방법이다. 솔직하지 않으면 고쳐야 할 부분이 무엇인지 알 수 없다.

꾸중을 듣는 것이 두려워 좋은 사람인 척을 하는 것보다 당당하게 혼나고 반성해서 더 나은 사람이 되어야 한다. 그러면 점점 성장해가는 자신을 보게 될 것이다.

좋은 사람이 되려고 하는 순간 나의 감정은 차단된다. 모든 중심을 다른 사람에게 맞추고 다른 사람을 만족시키는 것에 목적이 되어 있다. 그래서 내가 무엇을 원하고 느끼며 어떤 기분인지 알 수 없기 때문이다.

감정이 차단된 상태에서의 관계는 좋은 것이 아니다. 내 마음이 점점 병들어가는 지름길일 뿐이다.

남한테 좋은 사람이 되려고 애쓰지 말고 자신에게 먼저 좋은 사람이 되어야 한다. 자신에게 좋은 사람이 되는 것은 어렵지 않다. 지금부터라도 나를 아껴주고 다독여주고 위로해주고 응원해주면 된다. 그러면 분명히 나의 마음이 건강해진다. 자연스럽게 자존감도 높아지면서 존경받고 배울 점이 많은 사람이 된다.

자신이 먼저 좋은 사람이 되면 내 주변에 좋은 사람이 따라오게 된다. 그러면 남한테 좋은 사람이 되려고 애쓸 필요가 없다. 그냥 스스로 좋은 사람으로 만들면 되는 것이다.

자신의 외부 상황을 바꾸려 하기보다 내면을 바꾸기 위한 노력을 할 때 의식은 성장한다. 이처럼 내면의 모습을 긍정적으로 바꾸고 의식을 성장하는 것은 매우 중요하다. 그런데 이것 또한 잘 배워야 한다. 올바르게 배운 후 스스로 느끼고 깨달아야 한다. 그리고 행동으로 실천해야 한다.

사람들은 대부분 삶이 풍족하고 행복한 순간이면 누구와 함께해도 즐겁다. 반대로 삶이 궁핍하고 마음이 불편한 순간일 때에는 어느 누가 다가오더라도 좋은 사람으로 느껴지기가 쉽지 않다. 그리고 나 역시 다른 사람들에게 항상 좋은 사람일 수는 없다는 것을 알아야 한다.

좋은 사람 그리고 친절한 사람이 되고 싶어서 노력하는 사람이 많다. 하지만 좋은 사람이 되려고 애쓰는 행동은 다른 사람의 평가에 맞게 자신을 억누르고 통제하는 것과 같다.

상대방에게 친절하게 대하는 것은 나쁘지 않다. 그 사람에 대한 배려와 양보가 전제로 된 친절은 문제가 되지 않는다. 하지만 상대방에게 좋은 사람이 되고 싶어서 애쓰는 친절은 다르다.

사람들이 생각하는 좋은 사람의 기준은 각각 다르다. 그런데 이 기준에 나를 맞추려고 하면 나의 마음은 정말 괴로울 것이다. 자신을 억누르고 통제해서 결국 남에게 좋은 사람이 되었다고 해도 그 관계는 오래 유지하기가 힘들다. 억눌려 있던 그 감정은 언젠가 터지기 마련이기 때문이다.

3 장

나를
존중하지 않는 사람은
존중할
필요 없다

나를 배려하지 않는 사람에게
에너지 쓰지 말기

나에게 함부로 대하는 사람들의 공통점은 나를 만만하게 생각하는 것이다. 나에게 아무렇게나 해도 된다고 생각한다. 좋은 방향으로 말하면 내가 편해서 그렇다고 할 수 있다. 하지만 내가 어느 정도로 얼마나 편했으면 나를 배려하지 않아도 된다고 생각할까? 얼마나 나를 우습게 보는 것일까? 내가 그 사람에게 존중받지 못할 사람이라면 나도 그 사람을 존중할 필요 없다.

나는 22세에 대형 면허를 땄다. 대형 면허는 1종 보통을 취득한 후 1년

이상 지난 시점부터 취득할 수 있다. 나는 1종 보통 면허를 취득했지만 운전을 거의 하지 않았다. 그래서 운전이 서툴렀다. 이른바 장롱면허라고 한다. 하지만 대형 면허증이 필요해서 자격증을 취득하기 위해 운전 학원을 등록했다. 한 번에 합격한다면 5일 만에 취득할 수 있다. 하지만 그 5일 동안 운전 학원에서 보내는 시간이 길다.

나에게 대형 면허 운전에 대해 교육해주실 담당 선생님이 배정되었다. 첫 수업이었고 나는 1종 보통 면허가 있지만 그동안 운전을 안 해서 서툴기 때문에 잘 부탁드린다고 말씀드렸다. 선생님은 고개를 끄덕이셨다.

운전 교육이 진행되던 날 비가 많이 왔다. 앞이 잘 보이지 않았다. 도로에서는 비상 깜빡이를 켜고 운전하는 차들이 많았다. 이 정도로 폭우가 내렸다. 그러나 비가 많이 오는 것과 상관없이 교육은 진행되었다. 나는 첫 수업이라서 긴장했던 탓인지 운전이 잘되지 않았다. 대형 면허는 버스를 운전하는 것이다. 대중교통을 이용하면서 버스를 많이 타보긴 했지만 내가 직접 운전석에 앉는 것은 처음이다. 그때 그 당시 내가 느꼈던 감정으로 핸들이 어마무시하게 크고 차체가 높아서 2층 건물에 올라온 것 같았다.

긴장했지만 나는 꼭 취득해야 되므로 최선을 다해 노력했다. 그런데 운전 교육해주시는 담당 선생님은 자꾸만 짜증내고 화내면서 나중에는 고함을 치셨다. 물론 내가 서툰 것은 맞다. 하지만 잘 모르니까 배우기 위해 학원을 등록한 것이다. 그리고 내가 첫 수업이라서 버스 운전에 대한 감각을 느끼기 전까지 조금만 배려해주시길 바라는 마음도 있었다. 하지만 선생님은 내 바람과 달랐다. 나를 전혀 생각해주지 않고 교육 내내 소리만 지르셨다.

나는 그 순간 무섭기도 하고 내가 이걸 잘할 수 있을지 걱정까지 되었다. 내가 처음 가졌던 자신감을 담당 교육 선생님이 모두 망가뜨렸다. 결국 나는 눈물이 났다. 하지만 우는 모습을 선생님께 보이기 싫어서 얼른 눈물을 닦고 운전 교육에 집중하곤 했다.

나는 그날 집에 돌아와서 마음의 상처를 많이 받았다. 하지만 나는 대형 면허를 취득해야 한다는 목적이 있다. 그래서 결국 운전 학원 자체에 요청하여 나에게 지정된 담당 선생님을 바꾸기로 했다.

그렇게 나는 다른 선생님께 운전 교육을 배웠고 5일이라는 날짜는 금방 지나갔다. 교육이 끝난 그 주말에 대형 면허 시험이 있었다. 나는 바로 시험에 응시했다. 한 코스씩 차분하게 배운 대로 운전했다. 그리고 다음 코스로 나아갔고 결국 마지막 지점까지 잘 도착했다.

한 번 실수할 때마다 5점씩 또는 10점씩 감점된다. 총 점수가 80점 이상이 되어야 합격이다. 나는 그날 한 번에 합격했다. 그리고 합격 점수는 100점이었다. 정말 깜짝 놀랐다. 합격한 것만 해도 너무 감사한 일인데 내가 100점을 맞다니….

내가 시험에 응시하고 있을 때 담당 선생님께서는 멀리서 내가 운전하는 버스를 보고 계셨다. 그리고 100점으로 통과되었다는 소식을 들으신 후 내가 운행했던 버스로 달려오셨다. 나는 아직 운전석에서 내리지도 않았는데 선생님께서는 나를 먼저 찾아오셨다. 정말 잘했다고 칭찬해주셨고 나에게 악수까지 청하셨다. 그날 나는 기분이 너무 좋았다. 100점을 맞을 수 있도록 도와주신 담당 선생님 덕분이었다. 담당 교육 선생님께 감사하다는 말을 몇 번이나 했는지 모를 정도다.

장롱면허였던 내가 대형 면허 시험에서 한 번도 실수하지 않고 100점으로 합격한 것은 운전 학원에서 큰 이슈였다. 그리고 담당 선생님이 누구였는지도 같이 쟁점이 되었다. 합격해서 대형 면허를 취득하게 된 나도 너무 좋았지만 담당 선생님 역시 좋은 소문과 함께 매우 뿌듯해하셨다.

그리고 처음에 나와 만나게 되었던 선생님과 마주쳤다. 대형 면허 시험에 응시하면 방송으로 응시자, 몇 점, 합격 또는 불합격 이런 식으로 시험장 내에 있는 모든 사람에게 공개된다. 그래서 그 선생님도 들으셨을 것이 분명하다. 나는 시험이 끝난 후 그 선생님을 당당하게 쳐다봤다. 하지만 그 선생님은 나의 눈을 외면하는 것을 느꼈다. 나를 무시하고 신경질적으로 가르치는 선생님에게 내가 합격이라는 결과를 보여드렸다.

처음 만나는 나에게 함부로 대하는 사람은 나뿐만 아니라 다른 사람에게도 똑같이 함부로 대한다. 그 사람에 대해 잘 알지 못한다. 그러면서 무례하게 대하는 것은 정말 나쁜 사람이다.

잘 알지도 못하면서 처음부터 막무가내로 대하면 안 된다. 자신보다 낮은 위치에 있는 사람이라고 무시하면 안 된다. 언젠가 상황이 반대로 바뀔 수도 있다.

잠깐 스쳐지나간 인연이지만 나중에 좋은 인연으로 만날 수 있다. 인연을 소중하다고 깨닫지 못하는 사람과 관계를 유지할 필요는 없다. 인간관계는 함께 노력하고 배려하면서 만들어가는 것이다. 한 사람만 애쓴다고 이루어지는 것이 아니다.

친구 P의 남편은 부부싸움을 하면 자신의 손에 잡히는 것은 모두 집어 던지는 성격이다. 최근에는 아들이 가지고 놀던 장난감을 집어 던지기도 했다. 아들은 이제 6개월이 지난 갓난아기다. 아들이 옆에 있든 말든 개의치 않고 모든 것을 집어 던지고 아내에게 고함을 지른다.

싸우는 원인은 대체로 남편의 잘못이 크다. 하지만 자신의 잘못을 반성하지 않고 오히려 더 큰소리를 치며 아내의 잘못으로 덮어버린다. 스스로 반성할 줄 모르는 습관과 자신의 잘못을 인정하지 않는다. 그래서 상황이 마음대로 안 되면 분노를 조절하지 못해 손에 잡히는 모든 것을 집어 던져버린다.

옆에 있던 아내는 6개월밖에 안 된 아들을 위해 참고 또 참는다. 같이 싸우면 일이 더 커질 것이 뻔하다. 그리고 남편의 목소리가 높아지면 아기는 놀라서 울음을 터뜨린다. 아무런 잘못이 없는 아들이 어른들 때문에 우는 것은 너무 미안하고 싫었다.

친구 P는 엄마니까 아무리 남편에게 화가 나도 그냥 참았다. 화를 참으니 마음이 답답하고 화병이 생길 것 같았다. 명치 부분이 아픈 느낌이다.

이렇게 부부싸움을 한 친구 P 부부는 몇 시간이 흐른 뒤 분위기가 달라진다. 장난감을 집어던지며 화를 냈던 남편은 혼자서 기분이 풀린다. 그리고 아내에게 다정하게 말을 건다. 아내는 아직 기분이 좋지 않고 마음이 너무 속상하다. 하지만 괜찮은 척을 한다. 괜찮다고 표현하지 않으면 남편은 이런 부분에 대해 또 화를 내기 때문이다.

아내는 부부싸움을 하면서 남편의 말 때문에 받은 상처가 너무 컸다. 아내에게 함부로 대하는 것이다. 그리고 자신이 했던 행동이 얼마나 잘못되었는지 반성하지 않는다. 안 좋은 행동이라고 알려주어도 스스로 뉘우치지 않기 때문에 고쳐지지도 않는다.

자신이 했던 말과 행동에 대해 잘 기억하지 못하는 사람과 관계를 오래 유지할 필요는 없다. 이기적인 사람이다. 특히 이런 사람들은 자신이 잘한 것은 자랑하고 싶고 오랫동안 기억한다. 하지만 자신의 잘못된 행동이나 말실수는 금방 잊어버리거나 그렇게 했던 적이 없다고 단정 짓는다. 그리고 다른 사람의 핑계를 잘 댄다.

이런 사람에게는 대화를 통해 타이르고 잘못된 부분에 대해 알려줘봤자 시간 낭비다. 조금의 기대도 해서는 안 된다. 기대했던 사람만 다시 상처받고 믿었던 부분에 대해 배신감이 든다.

상대방을 소중하게 대할 줄 아는 사람을 만나야 한다. 당신은 너무나도 소중하다. 그리고 충분히 사랑받을 자격이 있는 사람이다.

상대방이 나에게 함부로 대하는 것을 계속해서 받아주면 안 된다. 이것이 반복되면 그 사람은 나에게 고마워하는 마음보다 나를 더 만만하게 생각한다. 그래서 예전보다 더 심하게 행동한다. 그러므로 나를 위해서라도 더 이상 무례한 사람들에게 에너지 쓰지 말자.

02

인간관계의
레시피

인간관계에는 타이밍이 있다. 나는 준비가 되었지만, 상대방은 불편할 수 있다. 반대로 상대방은 나에게 다가오는데 나는 거리감이 더 생긴다. 인간관계는 참으로 어렵다. 나 혼자만 잘한다고 해서 원만한 관계가 되는 것이 아니다. 상대방과 함께 노력하고 어울려 지내야 한다.

애견 미용샵을 운영하며 겪은 일이다. 나이가 14살이 된 강아지가 있었다. 내가 오픈했을 때부터 매번 미용하러 왔던 강아지였다. 나에게는 특별한 손님이다. 그 강아지를 처음 만났을 때가 기억난다. 강아지의 컨

126   나에게 좋은 사람이 좋은 사람이야

디션은 좋은데 긴장과 두려움에 엄청 벌벌 떨고 있었다. 미용은 무서운 것이 아니다. 그런데 그 강아지는 그동안 무서움에 떨며 힘들게 미용을 받았다.

나는 우선 아주 간단한 미용부터 진행했다. 알고 보니 너무 순하고 착한 강아지였다. 그래서 나는 이토록 무서워하는 모습이 너무나도 마음 아프고 안쓰럽게 느껴졌다. 계속 안아주고 예쁜 말을 하면서 눈도 마주치면서 자연스럽게 미용을 진행했고 안전하게 마쳤다.

나는 다음 날 문자를 받았다. 나에게 미용을 하고 간 강아지가 스트레스를 전혀 받지 않아서 고맙다는 연락이었다. 강아지가 밥도 잘 먹고 잠도 잘 자고 불안 증상 하나도 없이 너무 잘 놀고 있다는 연락이었다. 너무 감사했다. 나에게 감사한 일이 생긴 것이다.

이후로 그 강아지는 몇 년 동안 단골이 되었다. 매달 어김없이 미용하러 왔다. 그런데 강아지가 나이를 먹을수록 몸이 쇠약해져가는 것을 느꼈다. 그날은 힘이 더 없어진 것이 느껴졌다. 그런데도 나를 보며 꼬리를 있는 힘껏 흔들며 반겨주는 강아지를 보니 마음이 아팠다. 미용하면서 눈물이 났다. 나는 직감했다. 이제 더 이상 이 강아지를 볼 수 없겠다는 것이 느껴졌다.

그날 나는 보호자에게 미용비를 받지 않았다. 그냥 내가 해줄 수 있는 최선을 다해 안전하고 스트레스 없는 미용을 강아지에게 선물해주고 싶었다. 견주분은 계속 미용비를 주려고 했지만 나는 끝까지 받지 않았다.

이렇게 며칠이 지난 후 어느 날 갑자기 그 강아지의 견주분이 나를 찾아오셨다. 크리스마스라고 나에게 케이크를 선물로 주셨다. 이렇게 나는 정말 감사한 일이 또 생기게 되었다.

나는 '감사합니다, 덕분입니다, 사랑합니다, 용서합니다.' 이 말을 좋아한다. 특히 '감사합니다'라는 말은 하루에 100번 넘게 혼자 속으로 말한다. 그러면 신기하게도 정말 감사한 일이 생긴다.

상대방을 대할 때 진심으로 고마워하며 대화하자. 세상에 어떤 것이든 당연한 것은 없다. 상대방이 당신에게 안 해주면 그만이다. 그러므로 당신에게 해주는 작은 표현에도 고마워하는 습관을 갖고 있어야 한다. 그리고 그 사람에게 진심으로 감사하다는 표현을 해보자. 그럼 앞으로 상대방은 당신에게 몇 배나 더 감사한 일을 만들어줄 것이다.

항상 어깨도 축 늘어져 있고 고개를 푹 숙이며 다니는 같은 학과 동기 K가 있다. 등교할 때 외모도 신경 쓰지 않고 항상 편한 차림으로 다녔다. 옷도 잘 챙겨 입지 않았다. 그리고 표정도 항상 시무룩했다. 그래서 다른 친구들도 K를 대할 때는 무표정이었고 말투도 조심하지 않았다. K는 동기들과 어울리는 것을 잘하지 못했다. 협력하여 진행해야 하는 과제를 할 때도 K는 항상 참석하지 않았다. 이럴수록 주변 사람들은 K를 더 멀리하게 되었다.

우연히 K가 누군가와 통화하는 내용을 듣게 되었다. K는 말끝마다 한숨을 쉬었고 통화 내용 대부분이 부정적인 생각과 말투였다. 안 좋은 생각만 하며 지내고 있었다. 그리고 다른 사람을 비난하는 말도 많이 했다. K는 겉으로 보이는 것과 다를 것 없이 마음이 너무 차갑고 암울한 사람이었다.

자존감을 높이는 것은 매우 중요하다. 자존감이 높으면 어디서든 당당하게 행동하고 자신을 사랑할 줄 안다. 표정부터 밝고 항상 긍정적이다. 하지만 자존감이 낮으면 자신에게 열등감을 느낀다. 그리고 매사에 부정적이고 불만이 많다. 인상도 좋지 않으며 분위기 자체가 어둡다.

자존감이 높은 사람과 아닌 사람은 주변 사람들에게 인정받는 것도 다르다. 밝은 사람에게는 웃으며 편하게 다가갈 수 있지만 어두운 사람에게는 왠지 모르게 조심스럽고 꼭 필요한 말이 아니면 하지 않게 된다. 그리고 필요한 말이 있더라도 직접 대화하지 않는다. 문자나 쪽지로 전달할 수 있다면 이런 방법을 통해 해결하려고 한다. 얼굴을 마주 보며 대화하는 것을 최대한 멀리하게 된다.

자존감이 높고 밝은 사람 곁에는 도움을 주는 사람도 많고 응원해주는 사람이 많다. 그리고 진심으로 위로해주는 사람도 많다. 하지만 자존감이 낮고 어두운 사람 곁에는 같이 지내던 사람조차 떠나고 싶은 마음이 든다.

평소에 불평불만이 많은 사람은 자신이 처한 좋지 않은 상황에 대해 분노만 표출하고 있다. 해결하고 반성하는 자세는 전혀 없다. 주변에 있는 사람이 본인의 의견에 동의하지 않으면 화를 내면서 쏘아붙인다. 말싸움을 만든 후에도 상대방이 끝까지 자신의 의견에 동의하지 않으면 그 사람을 미워하고 원망한다. 그래서 머릿속에는 항상 부정적인 생각으로 가득하다.

좋지 않은 일을 겪었지만,

"다음에 다시 하면 되지."

"나중에 더 잘되려고 그런 것이겠지."

"이번 기회가 전부는 아니잖아."

하면서 긍정적으로 생각하는 사람이 있다. 이런 사람들은 자신처럼 좋은 사람들과 인간관계를 맺으며 항상 밝게 지낸다.

함께 더불어 사는 세상에서 부정적이고 비관적인 생각과 말투는 버려야 한다. 긍정적이고 희망적으로 표현하며 좋은 인간관계를 만들어야 한다. 그리고 잘 유지해야 한다. 어떤 것을 하든 긍정적으로 생각하고 표현하면 자신에게 좋은 것은 당연하고 듣는 사람에게도 기분 좋은 느낌을 전달할 수 있다.

"자만심이 많은 사람은 늘 사람이나 사물을 아래로 내려다본다. 그러다 보니 이런 사람은 자기 위에 있는 것은 아예 보지도 못한다." C.S. 루이스의 명언이다.

이처럼 자만심이 높으면 꿈을 이룰 수 없다.

옛날 어른들은 이런 말씀을 했다.

"상대방의 마음을 얻으려면 그 사람의 상투를 잡으려 들지 마라. 그 사람의 버선 앞에 엎드린다면 마음뿐만 아니라 믿음과 의리까지 얻을 것이다."

자만심이 높으면 다른 사람의 마음을 얻을 수 없다. 자신의 능력이 뛰어나다고 생각하기 때문에 다른 사람의 의견을 수용하지 않는다. 자신의 의견만 맞다고 주장하면서 반성할 줄 모른다. 그래서 성장하지 못하고 항상 그 자리에서 머물거나 밑으로 더 떨어진다. 발전이 없기 때문이다.

미국의 심리학자 '위니코트'에 따르면 혼자서도 뭔가를 즐길 수 있는 능력은 유아기 초기에 이미 형성된다고 한다.

옆에 항상 누군가 같이 있어야 생활할 수 있는 것은 아니다. 오히려 누군가와 함께 있으면 뭔가 모르게 신경이 더 쓰일 때가 있다. 그 사람을 챙겨줘야 하고 관심을 가져줘야 하기 때문이다.

반면 혼자 지내면 외로움을 타고 불안하며 우울감이 오는 사람도 있다. 그래서 아는 사람에게 전화를 걸어 누군가 자신의 곁에 있음을 느낀다.

사람들마다 각자 개인 시간을 존중해줘야 한다. 혼자 있을 때는 혼자만의 자유를 즐기고 같이 있을 때는 어울려 지내는 즐거움을 느끼자. 인간관계에 너무 집착하지 말고 서로를 존중해줘야 좋은 사람을 만났을 때 그 관계를 잘 유지할 수 있다.

03

사람의 관계는
언제나 상대적이다

사랑하는 감정이 생기면 그 사람에게 모든 걸 다 해주고 싶어진다. 상대방의 입장을 먼저 생각하고 배려한다. 하지만 상대방은 이와 반대되는 태도로 나를 대하면 이런 감정은 완전히 사라진다. 호구로 취급받은 듯한 느낌에 내가 했던 배려가 후회되기도 한다. 존중과 배려도 받을 사람이 따로 있다.

나와 오래된 친구 A의 결혼 후 있었던 일이다. 남편과 연애 기간이 길지 않다. 하지만 시댁 어른들이 결혼을 너무 서두르셨다. 남편 역시 결혼을 빨리 진행하길 재촉했다. 떠밀리다시피 A는 순식간에 결혼했고 앞으로 행복한 신혼 생활만 기대하고 있었다.

그런데 결혼하고 한 달이 되었을 때 시댁에서는 자녀 계획에 대해 재촉하셨다. 말끝마다 언제 손주를 볼 수 있냐고 하셨다. 결혼을 재촉하시더니 이제는 자녀 계획까지 관여하시는 것이 너무 불편했다. 더군다나 결혼하고 한 달밖에 안되었는데 그런 말씀을 하시니 기분이 좋지 않았고 매우 부담스러웠다. 한 번, 두 번 농담처럼 이야기하는 것이 아니라 꾸중하듯 심각하게 말씀하시니 찾아뵙는 것이 불편하고 연락도 하기 싫어졌다.

그러던 어느 날 친구 부부에게 아기 천사가 찾아왔다. 임신이 되었다. 결혼 후 7개월 만에 얻게 된 귀한 복덩이였다. 일반적인 부부와 비교했을 때 상당히 빠른 편이다. 시댁에서 손주를 너무 기다리셨기에 바로 연락을 드렸다.

하지만 예상과 다르게 시댁에서는 썩 좋아하지 않았다. 안정기로 들어간 후 말하지 왜 이렇게 빨리 호들갑을 떠냐고 오히려 혼이 났다. 혹시 임신 초기에 유산되면 시댁에서는 실망하게 되니 그런 말씀을 하셨다.

그럴 일은 없겠지만 만약에 유산이 되더라도 당사자인 친구 부부가 제일 힘들다. 그런데 본인들 기분만 생각하는 시댁이었다. 그리고 임신했다는 친구 A에게 시댁에서 돌아오는 말은 호들갑 떨지 말라는 것이다. 그날 이후로 A는 마음에 상처를 심하게 받았다. 결국 친구 A는 시댁 어른들에게 마음의 문을 닫았다.

다른 사람에게 상처를 주는 말을 쉽게 하는 사람들이 있다. 생각 없이 사는 사람이다. 그리고 이기적이다. 본인만 생각하기 때문에 그런 행동을 한다. 가까이 지내면 수없이 상처받게 된다. 그러므로 처음부터 마주칠 일을 만들지 않으면 된다. 무서워서 피하는 것이 아니라 더러워서 피하는 것이다.

사회생활을 하면 여러 사람을 만날 수 있다. 내가 애견 미용실을 운영하면서 겪었던 일이다. 어떤 견주는 본인의 반려견이 최고로 예쁘다고 생각했다. 물론 자신이 키우는 반려견이 제일 사랑스럽고 자식과도 같아서 제일 예쁜 것은 맞다.

나는 그 견주분이 애견 미용을 예약할 때면 항상 원하는 날짜와 시간을 맞춰드렸다. 그리고 매번 강아지가 집에 가서 먹을 맛있는 간식도 꼭 챙겨주었다. 그리고 미용을 진행하면서 강아지에게 맞는 미용으로 최대한 예쁘게 해주었다.

왜 이렇게 잘해주었냐면 요즘에 키우던 강아지를 길에 버리는 비열하고 무식하고 양심 없는 사람들도 매우 많은데, 반려동물을 사랑하고 소중하게 생각하는 사람들을 보면 더 잘해주고 싶은 마음이 들어서다.

그런데 어느 순간부터 그 견주는 예약 시간을 제대로 지키지 않았다. 가끔 당일 취소도 했고 하루 전날 갑자기 예약 변경까지 원했다. 사람이 살다 보면 급한 일이 생길 수도 있고 강아지 컨디션이 좋지 않아서 다른 날짜로 변경할 수 있다고 생각한다. 그래서 나는 날짜 변경은 물론이고 견주와 함께 강아지가 미용하러 왔을 때 더 잘해주었고 비싸고 좋은 간식도 서비스로 챙겨주었다.

그러던 어느 날 견주의 SNS를 보게 되었다. 나는 엄청난 충격을 받았다. 믿었던 손님이었는데 그 손님이 최근에 올린 사진을 보게 되었고 제주도 여행 중이었다. 여행 기간 중 나와 했던 강아지 미용 예약 날짜도 포함되어 있었다. 당일 취소했던 그 날짜였다. 제주도로 가기 하루 전날만 연락을 해줬어도 괜찮다. 하지만 당일 취소를 했기 때문에 나는 고스란히 그 시간을 날려 먹은 셈이다.

제주도 여행 이후에도 여전히 나에게 연락이 왔고 강아지 미용 예약을 잡으려고 했다. 하지만 그때는 내가 거절했다. 시간 약속을 잘 지키지 못하는 손님 한 명 때문에 정말 급한 손님들은 하루씩 더 늦어지는 것은 물론이고 예약을 제대로 하지 못한다.

나도 가끔 그 견주 때문에 의도치 않게 비워진 시간으로 인해 돈을 벌지 못했다. 강아지 미용은 예약으로 진행되기 때문에 시간 약속은 매우 중요하다. 상대방이 잘해준다고 만만하게 보고 함부로 대하면 안 된다.

그 견주분의 예약을 받지 않은 후로 새로운 손님이 왔다. 약속 시간도 매우 철저하게 잘 지키면서 매너도 좋은 분이었다.

좋은 관계는 상호간의 노력으로 이루어지는 것이다. 노력하지 않고 받기만 하는 사람과 맺어진 관계는 힘들고 고달프다. 가지치기를 통해 썩은 가지를 잘라내면 그 자리에 새순이 자라난다. 이처럼 자신을 힘들게 하는 관계는 정리해야 자신이 편해진다. 그리고 자신이 편해지고 마음이 여유로워지면 그동안 원했던 사람들과 관계가 더욱더 잘 만들어진다.

후배 B는 짝사랑 중이다. 같은 학교 선배를 좋아한다. 2년 동안 한 사람만 바라보며 좋아했고 기다렸다. 물론 처음에는 쉽게 표현하지 못했다. 하지만 시간이 흐를수록 작은 선물을 주면서 다가갔다. 커피나 간단하게 먹을 수 있는 간식이었다. 나중에는 학교 공부하며 필요한 물건들도 선물로 주었다. 그럴 때마다 선배도 싫은 건 아닌지 거절하지 않았다.

그 선배는 결국 일편단심으로 자신을 좋아하던 후배 B와 연애를 시작했다. 후배 B는 세상을 다 가진 기분이었다. 너무 행복해했다.

그런데 한 번씩 만나서 밥을 먹고 대화하며 지내던 B가 어느 순간부터 나와의 거리가 점점 멀어졌다. 나는 B가 연애를 시작했기에 남자친구를 더 챙기다 보면 그럴 수 있다고 생각했다. 나는 충분히 이해해줬다. 오랫동안 바라봤던 사람이었고 그 사람과 연애를 시작했으니 얼마나 행복하고 좋을지 상상이 가기 때문이다.

나중에 시간이 흐른 뒤 알게 된 사실이지만 후배 B는 남자친구와 연애가 더 중요해서 주변 사람을 만나지 않았던 것이 아니다. 그 선배와 사귀면서 대화도 많이 해보고 가까이에서 지내며 만나보니 몰랐던 사실을 알게 되었다.

그 선배의 성격은 의처증이 너무 심했다. 그리고 가치관이 후배 B와 맞지 않았다. 후배는 모든 사람에게 친절하고 잘해주는 성격인데 그 선배는 그것을 매우 싫어했다. 여러 사람과 친하게 지내는 것을 싫어했다. 그 당시에 후배 B는 선배를 사랑하는 마음에 주변 사람을 모두 정리하기도 했다.

2년 동안 그토록 좋아했고 따라다니며 바라보던 사람이었지만 후배 B는 직접 사귀어보니 너무 괴롭고 힘들었다. 그 선배는 받기만 하는 사람이었다. 기념일에도 항상 후배 B가 선물을 챙겨주고 밥을 사주며 데이트

했다. 그러나 그 선배는 후배에게 아무런 보답도 없었다. 본인밖에 모르는 사람이다. 그리고 받는 것을 매우 좋아하는 사람이었다. 그래서 후배 B가 그토록 따라다니며 선물 공세를 했을 때 거절하지 않았던 이유다.

웃음 코드나 가치관이 비슷한 사람끼리 만나면 그 관계를 오랫동안 유지하기가 수월하다. 가끔 상대방의 본 모습을 미처 확인하지 못하거나 상대방이 자신의 본 모습을 모두 숨기고 포장된 모습을 보여줄 때가 있다.

이런 경우에 그 관계를 계속 유지한다면 당신은 피해받는 일이 많이 생길 것이다. 그리고 상처받게 된다. 그런데 이때 그 사람을 사랑하고 있다면 문제가 크다. 사랑한다는 감정을 내세워 눈에 씌인 콩깍지 때문에 맞고 아님을 구분을 못 할 때가 생긴다.

수월하고 좋은 관계를 오랫동안 잘 유지하려면 자신이 만날 상대방을 잘 찾는 것도 매우 중요하다. 연인 관계도 상대적이다. 가치관이 잘 맞고 서로 이해하고 배려하며 위로해주는 마음가짐이 있어야 연애 기간이 재미있고 행복하다. 그리고 만남도 길어진다. 이런 관계는 긍정적이고 같이 성장한다.

사람은 혼자 잘하다 보면 언젠가 지치게 된다. 그리고 더불어 사는 세상에 받을 줄만 안다면 그 사람은 주변에 아무도 남지 않을 것이다. 내가 받은 것이 있다면 그것보다 더 작은 선물일지라도 내 마음의 표시 정도는 할 줄 아는 것이 상대방에 대한 예의다. 사람의 관계는 언제나 상대적이기 때문이다.

04

나를 지켜주는
적당한 거리

모든 사람에게 인정받고 싶고 사랑받고 싶다. 하지만 이것은 욕심이다. 모두에게 사랑받을 수 없다. 이런 생각은 내려놔야 한다. 하지만 만약에 진심으로 모든 사람에게 인정받고 싶고 사랑받고 싶다면 내가 먼저 상대방을 인정하고 존중해야 한다. 결국 내가 먼저 웃으면 상대방도 나를 보며 따라 웃게 되는 법이다.

친구 L 부부에 관한 이야기다. 남편은 항상 남의 탓을 많이 한다. 회사에 지각한 것도 아내의 탓, 연차를 쓰는 것도 아내의 병원 방문 때문에 같이 가야 한다고 말을 한다. 그래서 친구 L의 남편 회사에서는 L의 이미지가 좋지 않다. 무조건 남편이 같이 해줘야 하는 그런 사람으로 인식되어 있다.

어떤 일을 결정할 때 분명히 같이 상의했고 결정은 남편 본인이 했다. 그런데 그 일이 잘 풀리지 않거나 결과가 좋지 않으면 남편은 아내의 탓을 한다.

이뿐만 아니라 남편은 아내와 대화 도중에 말실수가 있었다. 하지만 이것 또한 아내의 탓이다. 제대로 알아듣지 못하게 말을 했기 때문에 남편 본인이 말실수했다고 한다. 사람은 누구나 실수를 할 수 있다. 하지만 그때 바로 사과하고 용서를 구하면 된다. 그리고 상대방은 사과하는 사람을 너그럽게 용서해야 한다. 그러면 아무 일도 없던 것처럼 된다. 그리고 자연스럽게 하던 대화를 계속할 수 있다. 여기에서 중요한 것은 자신의 말실수를 인정하지 않는다면 그때는 분명 싸움으로 진행될 것이다.

친구 L의 남편은 자신의 부모님께도 남의 탓을 한다. 명절 때 찾아뵙기 싫었다. 멀리 계시는 부모님께 가려면 장거리 운전을 하는 것이 힘들다고 느껴졌다. 그리고 최근에 회사 일이 많아져서 조용히 혼자 쉬고 싶었다. 그래서 부모님께 이번 명절에는 코로나가 심하니 찾아뵙지 않겠다고 말씀드렸다. 부모님은 노발대발하셨다. 코로나 핑계가 가능한 줄 알았는데 그렇지 않았다.

부모님의 화를 풀어드릴 다른 핑계가 필요했다. 결국 만만한 아내의 탓으로 돌렸다. 남편 부모님은 아내의 시댁 어른이기도 하다. 그래서 그 이후로 시댁에서는 며느리를 예의 없는 사람으로 생각하게 되었다.

항상 남편 자신은 나쁜 사람이 되는 것이 싫었다. 어떤 식으로든 남의 탓을 하고 자신은 곤란한 상황에서 모두 빠졌다.

항상 남의 탓만 하는 것도 하나의 습관이다. 자신을 보호하기 위한 방어 수단으로 사용하는 사람이 있는가 하면 자신밖에 모르는 이기적인 사람이 있다.

자신을 보호하기 위한 방어 수단으로 사용하는 사람은 별것 아닌 일에도 모두 남의 탓을 한다. 사소한 문제까지 전부 다 남의 탓으로 돌려버리는 나쁜 습관을 가진 사람이다.

자신밖에 모르는 이기적인 사람은 남의 탓을 했을 때 그 사람의 입장이 곤란해진다는 것은 생각하지 않는다. 아들이 부모님에게 아내의 탓을 하면 고부갈등이 생길 거라는 것에는 관심도 없다. 그냥 본인만 나쁜 사람이 되지 않으면 된다는 생각에 무조건 아내에게 책임을 돌린다. 자신밖에 모르는 파렴치한 사람이다.

2005년 26회 청룡영화제 남우주연상을 받은 배우 황정민 씨의 수상 소감이 많은 이들의 마음에 울림을 주었다.

"저는 일개 배우 나부랭이라고. 왜냐하면, 60여명 정도가 되는 스태프들과 배우들이 멋진 밥상을 차려놔요. 그러면 저는 그냥 맛있게 먹기만 하면 되거든요"

잘된 일은 다른 사람의 도움 덕분이고 잘 안된 일은 모두 내가 부족해서 그런 것이라는 자세를 가진 사람들에게 존경심이 생긴다. 이런 마음을 가지는 것은 쉽지 않다. 배우 황정민 씨의 수상 소감이 이른바 '밥상론'으로 대두되며 지금까지도 정상의 자리를 지키고 있는 이유다.

다른 사람에게는 모질고 악하게 평가한다. 그러면서 자신에게는 너그러운 사람이 있다. '뭐 그럴 수도 있지, 이게 뭐 어때서.' 이렇게 뻔뻔한 생각을 한다. 정말 나쁜 사람이다. 자신밖에 모르는 이기적인 사람이다. 그리고 반성할 줄 모르는 사람이다. 그래서 발전도 없는 사람이다.

이런 사람들은 죽을죄를 지어서 아무리 욕을 먹어도 절대 자살하지 않을 독한 사람이다. 이렇게 사는 것은 매우 불행하다. 주변에 아무도 남는 사람이 없어서 젊어서도 늙어서도 항상 혼자다. 이런 사람처럼 되면 안 된다. 나 자신에게는 매섭게 평가하고 다른 사람에게는 관대한 사람이 되어야 한다.

친구 L이 사귀던 남자친구와 헤어졌다. 그리고 다니던 회사가 어려워져서 그만두게 되었다. 안 좋은 일이 한꺼번에 겹쳤다. 사람이 바쁘게 지내면 헤어진 연인의 생각도 덜 나고 자연스럽게 점점 잊게 된다. 하지만 집에서 쉬고 있으니 헤어진 남자친구가 더 그리워지고 힘들었다.

친구 L은 살면서 제일 힘든 순간을 겪는 중이라고 말했다. 마음이 엉망진창이라고 했다. 나는 친구 L을 진심으로 응원해주었다. 퇴근 후 항상 친구 L에게 연락해 이야기를 들어주고 위로해주었다.

그 이후로 친구 L은 나를 더 많이 의지하게 되었다. 그리고 지금도 힘든 일이 있거나 슬프고 화나는 일이 있으면 나에게 속마음에 있는 이야기를 많이 한다.

자신이 가장 힘들 때 옆에서 위로해주고 응원해주는 사람은 쉽게 잊지 못한다. 그리고 많이 아플 때 곁을 지켜주며 간호해주는 사람도 쉽게 잊을 수 없다.

이렇게 맺어진 사람과는 좋은 관계를 오래 유지할 수 있다. 왜냐하면 힘들거나 아플 때 옆에서 힘이 되어주던 좋은 사람으로 기억하고 있기 때문이다. 그리고 그 은혜를 잊지 않는 상대방도 좋은 사람이다. 자신이 받은 위로에 대해 보답하고 싶은 생각을 하며 지내고 있기 때문이다. 고마움을 아는 사람이기 때문이다.

회사 내 동료 K가 있다. 항상 성실하고 하는 일마다 성과도 좋고 능력 있는 직원이다. 하지만 K에게도 단점이 있다. 말투가 나쁘다. 동료에게는 물론이고 부하 직원에게는 더 심하다. 부지런하고 맡은 업무에 대해 책임감도 강한 사람이지만 말투가 좋지 않으니 주변에 사람이 없다.

회사 내에서는 진급할 때 회사 동료들의 평가가 필요하다. 이런 평가에서 항상 점수가 제일 낮은 사람은 K였다. 그래서 다른 동기들보다 매번 진급이 늦었다.

말투가 좋지 않으니 주변 사람들이 K의 말로 인해 상처를 많이 받았다. 가끔 회사 내에서 말다툼하는 일까지 있었다. 업무적인 내용으로 시작된 대화에서 K의 말투 때문에 기분이 상해 싸움으로 된 것이다. 그러나 회사 업무에 대해서 K는 완벽주의자였고 자신의 실수는 아무것도 없었다. 그래서 그 싸움에서 본인의 잘못은 없다고 생각했다.

K의 생각은 매우 잘못되었다. 말투 때문에 시작된 싸움이므로 원인은 본인에게 있다. 그런데 이런 생각을 바꾸지 못하니 K는 항상 발전이 없

었다.

'가는 말이 고와야 오는 말이 곱다.'라는 속담이 있다. 상대방에게 상냥하고 친절한 말을 듣고 싶다면 나부터 먼저 상냥하게 말을 해야 한다. 입장 바꿔서 생각하면 상대방이 나에게 퉁명스러운 말투로 이야기하면 처음 대화가 시작할 때부터 기분이 나쁘다. 그러면 나도 다정하게 대하는 것이 어렵다.

하지만 내가 먼저 부드러운 말투로 상대방에게 어떤 부탁을 했더니 상대방은 내가 바라는 부탁 외에도 나를 더 도와주려고 했다. 말투 때문에 싸움이 일어날 수도 있고 도움을 받을 수도 있다. 그래서 '말 한마디로 천냥 빚을 갚는다'라는 속담이 있는 것이다.

고마움이나 칭찬 그리고 사랑한다는 말은 하루에 수없이 해도 아깝지 않은 말이다. 어차피 나에게 모두 돌아올 말이다. 누군가 나를 사랑하고 칭찬해주고 고마워하면 좋다. 그러므로 내가 먼저 상대방에게 좋은 말을 해보자. 그러면 상대방도 나에게 똑같이 해줄 것이다.

하지만 나쁜 말을 한다면 이것은 내 얼굴에 내가 침 뱉는 것과 다름없다.

남의 탓을 많이 하면서 주위 사람들과 악연으로 그 관계를 끝내지 말

자. 힘들거나 슬퍼하는 주위 사람들에게 진심으로 위로해주어야 한다. 그러면 자연스럽게 자신도 지킬 수 있다. 언제나 좋은 말을 많이 해야 한다. 그러면 나도 상대방에게 좋은 말을 듣게 될 것이다.

05

기분 따라 행동하는
사람에게

어떤 사람의 진짜 모습을 알고 싶다면 기분이 안 좋을 때를 봐야 한다. 같은 상황이라도 기분에 따라 화가 날 수도 있고 웃음이 날 수도 있다.

기분이 좋은 날은 지나가던 사람이 어깨를 밀치고 가도 화가 나지 않는다. 실수로 누가 발을 밟아도 너그럽게 이해한다. 그러나 기분이 안 좋은 날은 얼굴에 작은 미소를 짓는 것마저도 부담이 된다.

평소에는 점잖은 사람인데 화가 나면 악마로 변하는 사람도 있다. 감정조절을 얼마나 잘할 수 있는지, 이것은 매우 중요하다.

사무실의 분위기는 직장 상사 A의 기분에 따라 달라진다. 출근하기 전에 안 좋은 일이 있었거나 근무 중에 안 좋은 일이 생기면 얼굴에 모두 표시가 난다. 그때부터 부하 직원들은 서로 눈치를 보기 시작한다. 안 좋은 성과의 보고는 다음으로 미루게 되고 편하게 주고받을 수 있는 말들도 괜히 조심하게 된다. 그래서 A의 옆에는 친하게 지내는 직장 동료가 없다.

기분에 따라 행동하는 사람 옆에는 다가가는 것이 매우 어렵다. 주변 사람에게 자신의 기분을 모두 표현한다면 옆에 있는 사람들은 가만히 있다가 날벼락을 맞은 기분이다. 남의 기분까지 헤아려줄 이유는 없기 때문이다.

반대로 자신의 기분이 좋지 않아도 표현하지 않는 사람이 있다. 세상을 살아가다 보면 누구에게나 안 좋은 소리를 들을 때도, 혼이 날 때도, 싸울 때도 있다. 하지만 이것은 엄연히 개인 각자의 몫이다. 스스로 이런 감정을 잘 조절해서 주변 사람에게 표현하지 않는 사람을 보면 존경스럽고 매력적이다.

그날따라 수업에 지각해서 교수님께 꾸중을 들은 후배 B. 엎친 데 덮친 격으로 애써 준비한 과제를 집에 두고 오는 실수를 저질렀다. 후배 B에게는 그날 하루가 엉망진창이 된 것만 같다. 한편, 교내 식당에서 점심을 맛있게 먹고 후식으로 커피까지 한잔하면서 동기들과 웃음을 나누는 후배 C가 있다. 그를 보면 괜히 본받고 싶어진다. 이건 나이와 상관없는 능력이라고 생각한다.

기분이라는 것은 아주 잠깐 스쳐지나가는 것이다. 영원한 것이 아니다. 내가 즐거웠을 때와 화가 났을 때를 각각 열 개씩 적어보라고 하면 고민을 깊이 해봐야 떠오른다. 이처럼 내가 느꼈던 기분은 시간이 지나면 기억에서 멀어져간다. 하지만 내 기분에 따라 함부로 한 행동으로 인한 다른 사람들의 억울한 감정은 오래간다. 그리고 그들은 그 감정으로 나를 판단한다. 그런 만큼 어떻게 기분을 잘 표현하고 숨겨야 하는지는 매우 중요하다.

우울, 슬픔, 화, 기쁨, 행복이라는 감정을 어떻게 대하는가? 그런 감정의 조절과 행동은 중요하다. 기쁘고 행복한 기분이 들 때는 행동하기가 쉽다. 감정 그대로 밝게 웃고 선행도 하면 된다. 하지만 우울하고 슬프고 화가 날 때면 이런 감정을 통제하는 것이 어렵다. 그래서 그 순간에는 다른 사람에게 상처 주는 말도 더 쉽게 내뱉는다.

물론 나도 감정을 숨기는 게 쉽지만은 않다. 기분 따라 행동하면 안 된다는 것을 머리로는 알고 있지만, 실천은 어렵다. 하지만 이건 좋지 않은 습관이기 때문에 떨쳐버리려 노력해야 한다. 그 순간을 유연하게 잘 지나가도록 해주는 대처 방법을 아는 것도 도움이 된다. 아주 작은 노력으로 시작할 수 있는 것이 감정 코칭이다.

화가 날 때면 스스로 화가 났다는 것을 깨닫고 잠깐 멈춰서 심호흡을 반복해보자. 그러면 화가 진정되는 것을 느낄 수 있다. 3초 동안 숨을 들이마시고 2초 동안 숨을 내쉬어보자. 이렇게 세 번 반복하는 단순한 호흡법이 있다.

이 방법은 누구나 흔히 알고 있는 호흡법이다. 하지만 막상 화가 나면 이런 호흡법이 있었는지조차 생각나지 않는다. 그래서 처음에는 시간을 무시하고 무조건 크게 숨을 들이마셨다가 내쉬는 것을 두 번만 반복해보자. 이것은 내가 이름 지은 '큰 숨 내쉬기'다. 참고로 큰 숨 내쉬기를 할 때는 나를 화나게 한 상대방보다 다른 곳을 응시하는 게 더 도움이 된다.

이렇게만 해도 몸은 이완된다. 그리고 순간적으로 화난 감정도 빨리 안정된다. 천천히 화난 감정에서 빠져나오는 것을 느끼게 될 것이다.

나는 화가 나면 그 자리를 잠깐 비운다. 화가 났을 때 그 자리에서 상대방을 계속 지켜보고 있으면 화가 더 난다. 그리고 조금 전 싸울 때 못했던 말이 생각나서 싸움이 끝났지만 그 말을 하고 싶어질 때가 있다.

싸우고 나서 혼자 가만히 있으면 그 상황에 대해 계속해서 생각하게 되고 마음도 더 괴롭다. 그래서 나는 당장 밖으로 나가거나 다른 어떤 일을 한다. 그러면 그 상황이 어느 정도 진정되어 있다. 싸움을 끝까지 밀고 나가 상대방을 이기려 하기보다는 스스로 먼저 참고 양보해서 그 자리를 벗어나자. 그러면 화를 잘 다스린 내가 스스로와의 싸움에서 이긴 기분이 든다.

마지막으로 나를 힘들고 화나고 우울하게 만든 사람을 싫어하면 안 된다. 싫고 미운 감정을 계속 마음속에 지니고 있으면 내 마음이 더 상처받게 된다. 싫은 사람을 생각하면 기분이 안 좋아진다. 그렇다고 그 사람 때문에 기분 따라 행동하면 나에게 손해가 될 뿐이다.

처음에는 싫은 사람을 싫어하지 않는 것이 어렵다. 이럴 때는 싫은 사람이 그냥 안타깝다고 생각해보자. 그는 나와 다른 사람일 뿐이다. 내가 그 사람 때문에 마음고생하며 괴로워할 필요는 없지 않은가? 그 사람은 나를 신경도 쓰지 않고 지금쯤 편하게 누워 TV를 시청하고 있을지도 모르는데 말이다. 용서는 남을 위한 것이기도 하지만 나를 위한 것이기도 하다. 나에게 상처를 주고 화나게 했던 사람을 빨리 용서하고 내 마음속에서 놓아주는 것이 지금까지 말했던 감정코칭 중에서 제일 중요하다.

'상유심생(相由心生)' 중국의 관용구로 외모는 마음에서 생겨난다는 뜻이다. 모든 사람은 얼굴에 본인이 그동안 살아온 세월의 흔적을 새긴다.

항상 긍정적으로 생각하며 웃음이 많고 감정을 일정하게 유지하는 사람은 표정이 부드럽고 인자한 미소를 보인다. 인상이 좋다는 말을 듣는다.

하지만 항상 신경질적이고 화가 많거나 우울한 사람은 얼굴에 날카로움이 새겨진다. 그리고 다른 사람에게 베풀지 않거나 인색한 사람의 얼굴에는 비겁함과 쪼잔함이 새겨진다.

나이가 들면 주름살이 생기는 것은 자연스러운 일이다. 그에 따라 인상도 자연스럽게 만들어진다. 나이에 따른 본인의 얼굴은 지금까지 살아온 인생의 표본이라고 할 수 있다. 그래서 기분 따라 행동하는 것은 매우 조심해야 한다.

기분 따라 행동하지 않기 위해서는 스트레스를 잘 푸는 것도 중요하다. 우울하고 화가 난 감정을 억누르고 표현하지 않으면 그것이 쌓여 스트레스가 된다. 스트레스는 만병의 원인이다. 절대로 마음의 병이 될 때까지 놔두면 안 된다.

가볍게 산책하기, 좋아하는 음식 먹기, 친한 사람에게 감정을 털어놓고 같이 고민하기, 신나는 음악 듣기, 나를 위한 작은 선물하기 등 소소하지만 확실한 행복을 실현하며 스트레스를 푸는 것도 하나의 방법이다.

앞으로는 기분 따라 행동하는 사람들이 어떤 상황이든 잘 대처하길 바란다. 그래서 후회하는 시간과 오해가 줄어들면 좋겠다. 그러면 매일 행복한 순간을 경험하는 사람이 될 것이다.

06

나는 너의 말이
힘들다

말 때문에 웃고 말 때문에 운다. 상대방의 말 한마디로 인해 내가 고민하고 있던 것이 해결되기도 한다. 위로 받아 힘이 나고 자신감도 생긴다. 반대로 지나가는 나쁜 말 한마디 때문에 내 가슴은 온통 멍투성이가 될 때도 있다.

'말 한마디로 천 냥 빚을 갚는다.'라는 말이 있듯이 말 한마디로 인한 창출 효과는 무궁무진하다. 말로 인해 원수가 되기도 하고 말로 인해서 둘도 없는 은인이 되기도 한다. 이렇게 말은 인간관계에서 매우 중요하다.

친구 K의 부부는 결혼한 지 3년이 된 신혼이다. 연애 기간이 길어서 서로에 대해 잘 알기 때문에 결혼 생활은 아무 문제없이 정말 행복할 줄 알았다. 하지만 생각했던 것과 너무 달랐다. 이 부부는 신혼 초기부터 잦은 다툼이 있었다. 싸움의 원인은 모두 사소한 것들이었다.

부부가 싸우는 것은 당연하다. 이 세상에 싸움하지 않고 사는 부부는 없다. 그런데 친구 K의 남편은 부부싸움을 하고 나면 항상 아내에게 이혼 이야기를 꺼냈다. 처음에는 그 말을 하고 난 뒤 바로 사과했다. 말실수였고 후회한다며 아내에게 용서를 구했다. 친구 K는 그런 남편이 미웠지만 미안하다고 사과하는 남편을 못 본 척할 수 없기에 매번 용서해주었다.

이렇게 며칠이 지났다. 친구 부부는 또 사소한 이유로 말다툼하게 되었다. 역시 감정싸움으로 번지면서 서로에게 상처를 주는 말을 했다. 그리고 역시 친구 남편은 이혼하자고 했다. 나쁜 말버릇이 된 것이다.

친구 K는 이제 더 이상 못 참았다. 사소한 일로 시작된 말다툼의 끝은 이혼이라는 말버릇이었다. 이혼이 무엇인지 아는지 모르는지… 헤어짐을 너무 쉽게 생각하는 남편에게 점점 마음이 멀어졌다. 결혼식을 올리면서 많은 사람 앞에서 성혼선언문을 낭독하며 행복하게 잘 살겠다고 같이 약속했다. 하지만 이렇게 쉽게 이혼이라는 단어를 입에 오르내리는 것에 실망이 컸다. 이런 사람일 줄은 상상조차 못 했다. 정말 책임감이 없는 사람이라고 느꼈다. 더 이상 남편에게 좋은 마음이 가지 않았고 정들어 있던 마음마저 무색해지고 있었다.

'부부싸움은 칼로 물 베기'라는 말이 있듯이 아무리 심하게 싸우더라도 이혼이라는 말을 쉽게 해서는 안 된다. 무책임하고 이기적이면서 스스로 반성하지 못하고 남 탓만 하는 사람들이 상대방과의 관계를 쉽게 포기한다. 왜냐하면 자신은 아무런 잘못이 없다고 생각하기 때문이다.

처음부터 왜 결혼했는지 의문이다. 이 정도 각오 없이 결혼이라는 것을 왜 했는지 이해가 가지 않는다. 주변 사람들 대부분 결혼했거나 나이가 들면 결혼해야 한다는 부모님에 대한 압박 때문일 수도 있다. 어떤 이유에서든 본인이 결혼했으면 그 행동에 대해 책임져야 하는데 친구 K의 남편은 나이만 성인일 뿐 정신연령은 미성년자와 다름없다.

30년 넘게 따로 살면서 한 집에서 같이 맞춰가며 지낸다는 것은 누구나 쉽지 않다. 성인군자도 하기 어려운 것이다. 아무리 연애 기간이 길었어도 가족이 되어 같은 집에서 생활하며 지내는 것은 엄연히 다르기 때문이다. 연애 기간에는 헤어지면 남이 되고 안 맞으면 끝내면 된다. 하지만 결혼은 서로에 대한 믿음과 노력 그리고 책임감이라는 약속이 밑바탕이 되어 있다.

싸울 때마다 이혼하자고 하는 남편과 더 이상 함께할 수 없을 만큼 친구 K는 마음이 많이 멀어졌다. 마음에 상처가 깊었다. 말이 씨가 된다는 속담이 있듯이 반복적으로 했던 이혼이라는 말이 결국 현실이 되었다. 서로에 대한 마음이 멀어졌고 결국 이혼 절차를 밟게 된 친구 K의 부부는 현재 따로 살고 있다.

그런데 그렇게 이혼하길 원했던 K의 남편은 오히려 친구 K를 붙잡았다. 후회하는 것이다. 그토록 원했던 이혼인데 막상 이혼을 진행하면서 후회했고 아내를 붙잡으려고 했지만, 친구 K는 마음을 돌리지 않았다. 지금까지 매번 용서해줬다. 그래도 반성하지 않고 이혼을 원하는 남편에게 말로 받은 상처가 너무 크기 때문이다.

이혼 후 친구 K의 남편은 허전함과 외로움 그리고 뒤늦게 깨닫게 된 후회로 좌절했다. 헤어진 후에야 아내의 소중함을 느끼게 되었다. 싸움하면서 잘못했던 그 순간들이 머릿속을 스쳐지나갔다. 하지만 부부관계는 이미 끝났기 때문에 아무리 후회해봤자 예전으로 다시 돌아갈 수 없었다.

후회와 미련 그리고 자책감 때문에 정상적인 생활을 할 수 없었다. 폐인 생활을 하면서 점점 나락으로 떨어졌다. 진심이 담긴 말로 옆에서 다독여주는 사람은 아무도 없었다. 아내는 평생의 동반자라는 것을 헤어진 후에 깨닫게 되었다. 이혼이라는 자신의 함부로 내뱉은 말 때문에 인생이 손바닥 뒤집듯 바뀌어버린 친구 K의 부부는 그렇게 3년 만에 결혼 생활이 끝났다. 주변 사람들 대부분 K를 위로했다. 하지만 K의 남편 지인들은 대부분 뒤에서 좋지 않은 이야기를 했다. 앞에서는 위로해주고 뒤에서는 험담하는 것이었다.

어느 부부든 싸움하지 않는 부부는 없다. 하지만 아무리 싸워도 쉽게 이혼하지 않는다. 지나고 나면 아무것도 아닌 것처럼 지낼 수 있는 여유로움과 배려심 그리고 배우자를 이해해주는 마음이 넓기 때문이다. 물론 마음에 상처가 되는 말로 싸움을 하게 되면 아무것도 아닌 것처럼 지내는 것이 쉽지 않다. 하지만 부부는 이렇게 살면서 정도 들고 싸우면서 서로에 대해 잘 알게 된다. 미워도 가족이다. 가족을 쉽게 포기하는 것은 키우던 강아지를 길바닥에 버리는 것과 같다.

상대방과 싸우면서 화가 많이 나면 말을 함부로 하게 된다. 상처를 주는 말을 포함한 온갖 욕설을 섞어서 상대방과 싸움에서 이기고 싶다. 그렇게 하면 분명히 이길 수 있다. 그런데 정말 이겨야 하는 사람이 있고 아닌 사람이 있다. 상대방이 누구냐에 따라서 달라진다.

가족끼리 다투는 것은 승리자와 패배자가 정해지면 안 된다. 가족끼리 다퉈서 누가 이기고 지냐를 생각하며 싸우는 사람은 자존감이 낮은 사람이다. 스스로 얼마나 가볍고 하찮게 생각했으면 가족과 싸워서 이겨야 한다는 다짐을 할 수 있을까? 결국 그렇게 이겨서 남는 것이 뭐가 있을까? 제일 소중한 가족에게 자신이 함부로 했던 말 때문에 마음의 상처만 주게 된다.

그런데 마음에 상처를 주고 결국 가족 누군가와 싸워서 이겼다고 하자. 시간이 흐른 뒤 분명히 모든 것을 돌려받게 된다. 가까이에 있는 소중한 사람에게 함부로 대하면 결국 자신에게 모든 것이 돌아와 벌 받게 된다. 세상의 이치는 인과의 법칙이고 자업자득이기 때문이다.

회사 내에 함부로 말하고 다니는 차장 L이 있다. 직급이 있으니 부하 직원이 많았다. 그런데 잘 따르는 직원은 아무도 없었다. 왜냐하면 L은 생각하지 않고 말을 하는 사람이라고 느껴질 정도로 직원들에게 함부로 말했다. 마음 여린 여직원들은 회사에서 울기도 했다.

차장 L은 회사 직원들의 뒷담화도 자주 했다. 이 사람을 만나면 저 사람에 대해 비판하는 것을 좋아했다. 듣는 사람이 아니라고 해도 끝까지 굽히지 않고 다른 사람에 대해 험담했다. 그리고 결국 다른 곳에 가면 또 다른 사람에 대해 험담했다. 이건 버릇이고 습관이다. L 때문에 회사를 그만두는 직원도 있었다.

결국 차장 L 곁에는 아무도 없었고 가까이 지내면 안 된다는 소문까지 있었다. 결국 시간이 흐르면서 L의 곁에는 친하게 지내는 직원이 단 한 명도 없었다. 물론 잘 따르는 부하 직원 역시 한 명도 없었다.

　회사 생활은 동료들과 함께 애사심을 가지고 회사에 충성을 다해 일하면 언젠가 인정받는다. 그러려면 동료들과 잘 지내고 부하 직원들에게 본받을 수 있는 사람이 되어야 한다. 그래서 말버릇은 매우 중요하다. 이것은 회사 생활뿐만 아니라 모든 인간관계에 포함된다.

　지나가는 말 한마디까지 내 마음에 모두 담아두면 안 된다. 내 마음은 상처가 곪아서 쉽게 낫지 않아 결국 마음의 병이 될 것이다. 정말 소중한 내 감정이 상처받지 않았으면 좋겠다.

07

가까울수록 아끼지 말아야 할 것

우리는 가까이에 있는 사람의 소중함을 모르고 지낼 때가 많다. 사랑하는 사람과 헤어진 후에 더 잘해주지 못한 것을 뒤늦게 후회한다. 그리고 나에게 잘해주는 사람에게 고마운 줄 모르고 당연하다는 듯 그 마음을 받는다. 하지만 결국 떠나고 나면 깨닫는다.

사람들은 왜 옆에 있을 때 감사하고 소중한 마음을 모르는 걸까? 자신의 이기적인 생각이 강하기 때문은 아닐까? 자신 스스로가 제일 소중하다고 느끼기 때문에 다른 사람을 배려하는 마음과 감정에는 관심을 두고 있지 않다.

세월은 우리를 기다려주지 않는다. 가까이 있는 소중한 사람이 항상 곁에 있을 거라는 어리석은 생각은 버려야 한다. 나이가 많은 노인은 세월이 데려간다. 한결같이 바라보며 짝사랑하던 사람은 시간이 흐르면 스스로 지쳐 그만둘 수 있다. 사랑하는 사람을 위해 내 진심을 아끼지 말고 모두 표현하자.

친구 L은 시간 약속을 잘 어긴다. L과 약속 시간이 오후 7시라면 오후 8시가 넘어 약속 장소에 도착한다. 친구들 사이에서 L과 만나려면 약속 시간보다 1시간 늦게 도착하면 된다는 소문까지 있었다. 그러나 일부러 1시간 늦게 도착하려는 것도 신경 쓰이고 애매하다.

영화를 같이 보기로 했던 날도 친구 L이 늦게 나와서 취소했던 적이 있다. 항상 늦게 오는 습관 때문에 친구 L과 약속을 정하기 전에는 망설여진다. 약속 장소에서 늦게 오는 친구 때문에 혼자 뻘쭘하게 기다린 적도 많다.

인간관계에서는 만남을 통해 관계가 발전된다. 그러나 친구 L은 만나기도 전에 상대방에게 실망감과 서운함부터 느끼게 한다. 그래서 나중에는 친구 L과 만나는 것이 꺼리게 된다.

약속 시간을 잘 지키는 것은 상대방에 대한 기본 예의이다. 기본을 지키지 못하는 사람과 무언가를 함께할 마음은 조금도 생기지 않는다. 같이 시작하더라도 책임감 없이 혼자 먼저 포기할 사람이다. 실망감과 후회 그리고 배신감만 생긴다.

이런 친구가 옆에 있을 때는 우선 그 친구와 진지한 대화를 해봐야 한다. 당연하다는 듯이 매번 약속 시간을 지키지 않는 것으로 인해 속상한 마음을 친구에게 말해야 한다. 친구가 약속 시간을 지키지 못하는 다른 이유가 있을 수 있기 때문이다. 그리고 늦어지면 미리 연락을 달라는 부탁도 함께 한다.

이렇게 대화를 시도했지만 달라지는 모습이 없으면 스트레스 받지 말고 그 사람과 앞으로 서서히 거리를 두면 된다.

나는 주변의 소중한 사람에게 내가 가진 것을 나누어주는 걸 좋아한다. 주는 기쁨이 얼마나 행복한지 알고 있다. 작고 사소한 것이지만 함께 나누면 행복은 몇 배가 된다.

날씨가 정말 더운 여름이었다. 나는 그날 택배를 보내야 했다. 택배 물건이 크고 무거웠다. 예약할 때 물건 크기를 크게 지정했고 선불로 택배를 접수했다.

예약한 날짜에 택배 기사분이 우리 집을 방문했다. 나는 택배비를 드리면서 미리 준비해둔 얼음물과 비스킷을 종이가방에 담아서 같이 드렸다. 택배 기사분이 방문한 시간은 날씨가 제일 더운 오후 2시였다. 기사분은 너무 감사하다고 인사를 몇 번이나 하신 후에야 가셨다. 그 이후로 나는 택배 예약해둔 것을 보낼 때 항상 기사분께 시원한 물과 조금의 간식을 챙겨드렸다. 코로나로 인해 대면하기 힘들 때는 문고리에 걸어두기도 했다. 그리고 택배 상자에는 메모지를 붙여놓았다. 문고리에 걸려 있는 종이가방도 함께 챙겨가라는 내용이었다.

나에게는 단순한 물이며 안 먹어도 그만인 간식이다. 하지만 택배 기사분 입장에서는 오후 2시 제일 더운 한낮에 마시는 물이다. 택배 물건을 배달하며 흘린 땀을 식혀주는 시원한 물이다. 몸을 쓰는 직업이신 택배 기사분에게 비스킷은 작지만 배고픔을 잠깐 달랠 수 있다.

나에게는 작은 것이지만 상대방은 크게 느껴진다. 내가 표현한 감사한 마음을 긍정적으로 받아주신 택배기사님을 보면 나도 기분이 좋다.

요즈음 우리가 제일 많이 사용하는 것이 인터넷이다. 자연스럽게 인터넷 쇼핑도 많이 한다. 편리하고 시간을 절약할 수 있다. 인터넷에 웬만한 것은 모두 판매하고 있어서 검색 한 번으로 쉽게 구매할 수 있다. 이렇게 인터넷 쇼핑을 하면 빠르고 안전한 도착을 위해 도와주시는 분이 택배기사님이시다. 우리와 아주 가까이에 있는 고마운 분이다.

하지만 택배기사분을 하찮게 보는 경우도 종종 있다. 누군가는 이렇게 말을 한다. 택배비를 지급했으면 그 비용 안에 택배를 전달해주는 값어치가 모두 포함된 것이라고 한다. 그 값어치라는 것이 도대체 어떤 값인지 나는 도저히 이해할 수 없다. 사람이 살아가면서 내가 돈을 줬으니 이렇게 해달라 저렇게 해달라 하는 사람은 세상의 이치를 모르는 사람이다. 매우 인색하고 옹졸한 사람이다. 물론 돈이 중요하지만 전부는 아니다. 돈으로 해결되지 않는 것이 있다면 그것은 인간관계다.

우리 어머니는 경북 경산에 위치한 프렌차이즈 세탁소를 운영하고 계신다. 코로나라는 불경기도 무색할 만큼 한 자리에서 10년이라는 긴 세월 동안 장사를 하신다는 것은 정말 대단하고 존경한다.

찾아오는 손님들에게 언제나 밝게 웃으며 친절하게 대해주신다. 살아가다 보면 개인적인 일로 화가 나고 속상한 일을 겪을 때도 있다. 하지만 어머니께서는 이런 감정을 절대 표현하지 않고 모든 손님에게 다정하게 대하신다.

얼마 전에는 멀리 있는 대학교 기숙사에서 지내는 학생 손님이 찾아왔다. 일부러 어머니 가게까지 세탁물을 맡기러 왔다. 보통 사람들은 당연하게 손님으로 생각하며 받는다. 하지만 어머니는 '당연하다'라는 말을 안 좋아하신다. 항상 세상에 당연한 것은 없다고 하셨다.

일부러 멀리서 찾아와준 그 손님의 마음에 고맙다고 하신다. 그리고 다시 기숙사까지 돌아가려면 힘들지 않냐며 자식처럼 대해주신다. 조금이라도 더 챙겨주고 잘해주려고 하신다. 가끔은 딸인 내가 샘날 정도로 모든 학생과 직장인들에게 진짜 어머니처럼 자상하게 대해주신다.

10년 동안 한 자리에서 처음 그대로 유지할 수 있었던 이유가 무엇인지 나는 그런 모습을 보면서 느끼고 깨닫는다. 이것은 바로 가까운 사이일수록 감사하게 느끼고 소중하게 생각하면서 마음을 아끼지 말아야 한다는 것이다.

내가 현재 사는 서울에도 이렇게 인자한 마음을 가진 분이 운영하는 가게가 있으면 좋겠다. 집 근처 세탁소에 세탁물을 맡기러 가면 이런 생각을 종종 한다.

우리 부모님께서는 항상 말씀하신다. 남에게 베풀며 살고, 감사할 줄 알고, 가까이 있는 사람의 소중함을 알아야 한다고 하신다. 그래서 부모님께서는 언제나 작은 것이라도 주변 사람에게 나누어 드린다. 그래서 주변에 좋은 사람이 정말 많다. 자신이 좋은 사람이 되면 주변에 좋은 사람만 남는다. 그리고 좋은 사람이 다가온다.

자신이 가진 것이 많고 적음을 떠나서 주위 사람에게 잘 베풀고 나누는 사람은 시간이 지날수록 더욱더 잘된다. 세상에 좋은 영향력을 주는 사람이다. 다른 사람에게 관대하고 마음이 풍요로운 사람이다. 그리고 주변에 좋은 사람들이 많고 도움을 주려고 하는 사람들도 많다. 그래서 앞으로 승승장구하며 잘 산다.

반대로 자신밖에 모르고 남에게 주는 것을 아까워하는 사람이 있다. 그러면서 남에게 받는 것은 좋아하는 이기적인 사람이 있다. 남에게 돈 쓰기 싫어하는 사람이다. 물질적으로도 정신적으로도 매우 옹졸한 사람이다. 금방 도태되고 절대 부자가 될 수 없다. 금세 사라지게 된다.

'콩 한 쪽도 나누어 먹는다.'라는 말이 있다. 아주 작은 것이라도 주변 사람과 함께 나누어 먹을 줄 아는 마음을 가져야 한다. 가까운 사람일수록 아끼지 말아야 한다.

4 장

인간관계에서

정리해야 할

4가지

유형

습관적으로
험담하는 사람

수다를 떨면서 스트레스를 푸는 사람이 있다. 그런데 대화 내용의 주제가 어떤 것인지에 따라서 그 사람의 인격이 보인다. 취미 생활, 가족 관계, 회사 생활 등의 대화를 통해 지인들에게 의견을 듣고 충고도 받으며 성장한다.

혼자 생각하고 고민하고 결정하는 것보다 제3자 입장을 통해 내가 생각하지 못했던 부분에 대해 깨닫는 경우도 많다. 대화는 삶에서 매우 중요하다. 대화를 통해 나를 발전하고 반성한다.

남의 말 하는 것을 즐기는 사람이 있다. 이것 또한 수다를 떨면서 스트레스를 푸는 사람 중 한 명이다. 다른 사람의 험담하는 것을 매우 좋아한다. 사실에 근거하지 않은 오로지 본인의 추측만으로 어떤 한 사람을 구렁텅이에 넣는 것과 같다.

말 한마디로 인해 바로 피해자가 생긴다. 험담하는 사람의 말에 동요하는 어리석은 사람들도 많다. 그런 사람들끼리 같이 모여 다니며 험담한다. 항상 그렇게 지내왔기 때문에 잘못되었다는 인식을 하지 못한다.

다른 사람을 신경 쓰고 평가하며 험담할 시간에 자신의 발전을 위해 자기 계발하는 시간으로 투자했으면 좋겠다.

친구 K는 내성적이다. 그래서 다른 사람이 자신을 무시하며 함부로 대해도 싫은 소리를 하지 못한다. 자신의 정당한 권리를 말하지 못한다.

그런데 신기한 것이 있다. 다른 사람에게 피해 당해도 따지지 못하는 친구 K는 자신의 부모님이나 아내에게는 큰소리를 친다. 그리고 밖에서 피해 당한 것을 집에 돌아와 부모님이나 아내에게 이야기한다. 입에 쉽게 담을 수 없는 욕까지 하며 험담한다.

다른 사람의 험담을 할 때는 화가 나고 기분이 나쁜 상태에서 말한다. 그래서 듣는 사람은 부정적인 말과 화가 난 기분까지 전염된다. 친구 K

의 나쁜 습관 때문에 부모님과 아내는 겪지 않아도 될 것까지 겪고 있다.

K의 성격은 내성적이지만 나쁜 습관을 갖고 있다. 성격 문제가 아니다. 험담하는 것은 안 좋은 버릇을 고치지 못하는 것이다. 앞에서 못했던 말을 뒤에서 하며 화가 난 마음을 푸는 것이다. 일종의 스트레스를 해소하는 것이다.

장사하는 사람일수록 입이 무거워야 한다. 손님들이 하는 이야기를 듣고 다른 사람에게 아무렇지도 않게 전달하는 사람이 있다. 말을 할 때 자신이 잘못되었는지도 모른 채 신나게 다른 사람의 이야기를 늘어놓는다.
장사하며 다른 사람의 이야기를 들어주었다면 그건 그 손님이 주인에게 지불했던 돈에 비밀이라는 값어치도 포함되었다고 생각해야 한다.

옷 가게를 하는 사장님이 있다. 이분이 내가 겪고 있는 고민과 문제를 해결해주었다. 그런데 이런 고민을 해결해준 것이 그 사장님의 어떤 분야에서 겪어온 일이나 쌓아온 경험치를 높이는 것에 도움이 되었다. 그래서 더욱더 자랑스럽게 다른 사람에게 말했다.
나중에 이런 사실을 우연히 알게 되었다. 그 사장님 가게에 오는 단골 손님이 갑자기 나에게 위로해주었다. 그런데 그 손님과 나는 옷 가게 사장님과 함께 맺어진 인연이다. 나의 고민을 알고 있다는 것은 사장님이 나의 이야기를 한 것이 분명하다. 지금 생각해보니 나도 그 사장님에게 다른 손님의 어떤 이야기를 들은 것이 있다.

나의 고민을 도와준 옷 가게 사장님이 감사한 것은 사실이다. 하지만 나의 이야기를 떠들썩하게 말하고 다니는 것에 대해서는 기분이 좋지 않았다.

다른 사람이 볼 때 별일 아닐 수 있다. 그건 그 사람의 기준에서 생각했을 때 그렇다. 자신이 겪어보지 않은 일에 대해서는 얼마나 힘들고 슬픈지 가늠할 수 없기 때문이다.

험담이라는 것은 다른 사람을 미워하며 헐뜯고 싫어하는 행위가 전부는 아니다. 본인이 알고 있는 이야기를 또 다른 사람에게 내용을 그대로 전달하는 것도 포함된다.

말 전달을 했을 때 그 이야기 속 주인공의 입장이나 기분이 아무렇지 않다면 상관없다. 하지만 모든 사람에게 알리고 싶지 않은 자신만의 감추고 싶은 고민이 있을 수 있다. 그런데 이런 내용을 함부로 말하면 당사자는 기분이 좋지 않다.

이런 사람이 운영하는 가게에는 잘 가지 않게 된다. 친하게 지내면 안 된다. 언젠가 또 다른 누군가 그 도마 위에 올라갈 수 있다. 그리고 다시

한 번 더 내가 그 도마 위에 올라갈 수도 있다.

습관적으로 험담하는 사람은 빨리 정리해야 한다. 관계를 끊어내야 더 좋은 사람을 만날 수 있다. 그리고 새롭게 다가온 좋은 사람에게 좋은 기운을 받을 수 있다.

세상에 완벽한 사람은 없다. 험담하고 다니는 사람들 대부분 자신이 얼마나 보잘것없는 인간인지 모른다. 이런 험담들은 결국 돌고 돌아 당사자의 귀에 들어간다는 것을 모르면 인생을 잘못 살았다고 보면 된다.

사람을 잘 만나야 한다. 처음에는 이 사람이 뒤에서 험담을 잘하는 사람이라고 생각하지 못한다.

'물은 건너봐야 알고 사람은 겪어봐야 안다'는 속담이 있다. 물은 건너봐야 그 깊이를 알 수 있고 사람은 겪어봐야 성품을 알 수 있다. 겪을수록 진국인 사람과 겪을수록 흙탕물인 사람이 있다.

예의가 있고 자기반성을 할 줄 아는 사람인지 보아야 한다. 그리고 나에게 다른 사람의 말을 많이 하는 사람인지 아닌지 잘 보아야 한다.

칼날에 의해 생긴 상처는 의사의 치료를 받을 수 있지만 말에 의해 생긴 상처는 그 어떤 것으로도 치유할 수 없다. 말을 할 때는 정말 조심해야 한다. 한 번 내뱉으면 다시 주워 담을 수 없다.

상대방에게 말로 인해 상처를 주면 그 상대방은 당신을 용서하기 쉽지 않다. 한두 번 정도는 쉽게 넘어갈 수 있다. 하지만 이것이 반복되면 마음에 상처뿐만 아니라 원한이 생긴다. 그리고 언젠가 자신이 받은 상처에 대해 앙갚음을 할 수 있다.

재미로 했던 말로 인해 원수가 될 수 있다.

열 명의 사람을 만난다면 그중에 한 명 정도는 나를 미워할 수 있다. 이것을 스스로 인정하는 것이 속 편하다. 모든 사람이 나를 이해하고 좋아해줄 수는 없다.

"누가 너를 모욕하더라도 앙갚음하려 들지 말라. 강가에 가만 앉아 있노라면 머지않아서 그의 시체가 떠내려가는 꼴을 보게 되리라."

– 노자

상대를 배려하지
않는 사람

어떤 상황에서 배려해야 하는지 잘 모르는 사람이 있다. 눈치가 없는 건지 양보심이 없는 건지 이기적인 건지 이유는 정확하지 않다. 매우 무례한 사람이라는 것은 사실이다. 더불어 살아가는 세상에서 상대방을 배려하지 않는다면 함께 지낼 수 없다.

가족 관계에서도 배려는 중요하다. 하지만 가까운 사이일수록 조심하지 않고 함부로 대한다. 언제나 옆에 있을 것이라는 안도감 때문일 수도 있다. 그리고 편하고 익숙한 사이라서 그렇게 해도 괜찮다는 자신의 착각 때문이기도 하다.

그런데 가족이나 친구처럼 가까운 사람에게 무례한 사람은 어디를 가더라도 똑같이 무례하게 군다. 그러면 훗날 반드시 지독한 상대를 만나서 그동안 했던 행동들을 갑절로 돌려받게 된다.

가까운 사이일수록 더 배려해야 한다. 모르는 사람에게는 예의도 지키고 매너 있게 행동한다. 물론 듣기 싫은 말도 하지 않는다. 매우 친절하다. 하지만 친한 사람에게는 함부로 대하는 사람이 있다. 상대방의 약점을 놀리고 사소한 것까지 모두 트집을 잡는다.

좋은 인간관계를 지속하려면 서로에 대한 배려와 예의가 필요하다. 가까운 사이일수록 적당한 거리를 유지하며 상대방과 관계를 소중하게 만들어나가야 한다.

항상 자기 생각이 옳다고 생각하는 P가 있다. 다른 사람의 의견은 존중하지 않는다. 이것은 곧 상대방을 배려하지 않는 것이다. 이기적이다. 특히 말싸움할 때는 더 심하다. 어떻게 해서든 그 상황에서 이기려고 한다.

상대방과 겪었던 과거의 일까지 기억해낸다. 그리고 그 사건에 대해 잘못을 따지기 시작한다. 작은 싸움이 큰 싸움이 된다. 하지만 P는 무조건 자신의 의견이 맞다고 생각하기 때문에 그런 것은 신경 쓰지 않는다.

상대방이 P에게 잘못 생각하고 있는 것이라고 오해를 풀기 위해 노력한다. 하지만 P는 상대방이 하고자 하는 말을 전혀 들으려고 노력조차 하지 않는다. 오로지 자신의 생각이 옳기 때문이다. 상대방이 의견을 제시하면 '그래 그렇게 하든지 말든지' 자신과 상관없는 것처럼 대한다.

P의 주변에는 오래된 친구가 없다. 그리고 사회생활을 하며 알게 되는 인연도 역시 오래 이어가지 못한다. 항상 불만이 많고 상대방에 대한 배려심이 전혀 없기 때문이다. 배려하지 않는 것은 언제나 부정적으로 생각하기 때문이다.

만약 긍정적으로 생각했다면 상대방을 존중했을 것이다. 하지만 P에게 이런 모습은 전혀 없다.

대화할 때 상대방의 말을 경청하는 것도 배려. 하지만 자신의 주장만 내세우는 사람은 인간관계를 오래 유지할 수 없다. 본인의 입장만 중요하다.

그리고 가장 소중한 사람은 자신뿐이라고 생각한다. 이런 마음을 가지고 사는 사람의 공통점은 자신은 괜찮다. 하지만 주변 사람들이 문제라는 식으로 말한다. 자기중심적인 사고방식을 가지고 있다.

이런 사람들이 혼자 생활하는 것은 아무런 문제가 되지 않는다. 하지만 사회라는 곳은 다양한 사람들과 어울려서 생활한다. 다수결의 입장에 따라야 할 때도 있다.

물론 자신의 의견도 틀린 건 아니지만 상대방의 의견이 더 효율적이라고 생각하면 그것에 따라야 한다. 하지만 이런 쟁점에 대해서 쉽게 용납하지 못하는 사람이 있다. 그러면 이런 사람들은 잘 어울리지 못하고 언젠가 자리에서 제외 당한다.

점심시간에 회사 동료 K와 함께 밥을 먹으러 식당에 갔다. 각자 먹고 싶은 음식을 주문하고 기다리고 있었다.

그런데 종업원이 실수로 우리보다 늦게 주문한 테이블의 메뉴부터 먼저 가져다주었다. 그날 K는 배가 많이 고팠다. 그래서 평소보다 조금 예민했다.

바로 종업원을 불렀고 이 문제에 대해 따졌다. 종업원은 실수였으니 죄송하다고 하면 된다. 이렇게 했으면 금방 마무리가 될 일이었다. 그런데 종업원은 여러 가지 이유와 함께 잘못이 없다고 말했다. 그 말을 들은 K와 종업원은 그 자리에서 말싸움했다.

결국 식당에서 싸움이 났고 다른 손님들의 구경거리가 되었다. 그 식당에서 밥을 먹기에는 너무 불편했다. 배가 많이 고팠지만 어쩔 수 없이 그냥 나왔다.

종업원은 다른 핑계를 말하기 이전에 우선 사과부터 해야 한다. 자신의 착오로 인해 발생한 일이 맞다. 잘못을 인정해야 한다. 하지만 그 순간 K가 종업원을 너무 몰아세웠기 때문에 당황한 나머지 핑계를 댈 수는 있다. 자기 보호 본능에 의해 핑계를 대는 것은 사람 누구나 하게 된다. 본능적이다. 그렇지만 싸움이 일어날 정도로 자신만 생각하며 이야기하면 안 된다.

K는 핑계를 대고 있는 종업원이지만 한 번만 더 참아야 했다. 결국 음식은 늦게 나왔다. 어찌 되었든 발생된 일이다. 어쩔 수 없는 상황이다. 기분이 나쁘지만 종업원도 사람이다. 누구나 실수는 할 수 있으므로 너그러운 마음으로 이해해줘야 한다. 계속 기다렸는데 조금만 더 기다린다고 해서 큰일이 생기는 것은 아니다.

다른 시점으로 보았을 때 종업원은 주문을 잘 받았다. 하지만 주방에 일하시는 분의 착오로 순서가 바뀌었을 수도 있다. 모든 상황을 고려했을 때 꼭 종업원의 문제만은 아니다. 그 종업원이 일부러 모든 상황을 자신이 책임지려고 떠안았을 수도 있다.

결국 K는 자신만 생각하고 상대를 배려하지 않았다. 기분이 나쁘고 화가 나는 것은 맞다. 하지만 상대방의 입장에서 조금만 더 생각했다면 싸움이 발생하지 않았을 것이다.

이런 일이 있은 후 K를 다시 생각하게 되었다. 배가 고프고 화가 나는 자신만의 입장만 생각하는 K와 함께 다니는 것이 부담스러웠다. 그리고 나중에 내가 K에게 실수하게 될 수도 있다. 그때는 내가 그 식당 종업원의 입장이 되는 것과 같다.

K는 그런 일이 다시는 없을 것이라고 했다. 하지만 배려는 사람의 본성이고 습관이다.

습관은 어려서부터 몸에 밴 버릇이다. 이것을 한순간에 바꾼다는 것은 쉽지 않다. 물론 노력은 할 수 있다. 하지만 시간이 오래 걸릴 것이다. 그리고 시간이 흐른 후 바뀐다는 것도 보장되지 않는다.

함부로 말하는 것을 삼가야 한다. 배려는 행동으로 표현하는 것도 있지만 말로 인해 표현하는 것도 의미가 있다. 상대방과 함께 지내면서 가끔은 어긋나기도 한다. 하지만 이런 시행착오를 거쳐 배우고 깨닫는다.

사람은 모두 고유한 특성을 가지고 있다. 하지만 자신의 특성 때문에 상대방에게 상처를 주어서는 안 된다. 물론 자신의 입장도 중요하다. 솔직한 의견을 말할 권리가 있다. 그러나 한 번 쯤은 상대방 입장에서 생각하며 양보할 줄 알아야 한다.

입장 바꿔 생각해보자. 그 상황에서 상대방이 충분히 그럴 수 있다는 것을 이해해야 한다. 그러므로 배려해야 한다. 인간관계에서 느끼는 따뜻한 배려는 활력이 된다. 그리고 힘이 된다.

인간관계에서 배려는 꼭 필요하다. 배려를 잘하는 사람에게는 익숙하고 당연한 것들이다. 하지만 배려할 줄 모르는 사람에게는 낯설고 생소한 것들이 많다. 배려할 줄 모르는 사람은 당장의 이익이나 편리함만 추구한다. 행동이나 사고방식 자체가 다르다.

무엇보다 진실되고 인간관계를 긍정적으로 유지하고자 노력하는 사람과 어울려야 한다. 배려는 행동과 말에서 그 사람의 성격이나 행동 경향이 모두 표현된다. 그러므로 어떤 사람이 배려심이 있는지 없는지 쉽게 구분된다.

배려하지 않는 사람과 관계를 오래 유지하면 자신의 정신건강에도 좋지 않다. 오로지 자신만 생각하는 성향이 강하기 때문이다.

"다른 사람의 이익을 추구하는 과정에서 자신의 이익도 찾을 수 있다." 는 '플라톤'의 말이 있다. 사회는 혼자 생활하는 것이 아니다. 잘 어울려서 지내야 한다.

내가 먼저 다른 사람에게 배려해서 그 사람이 만족하고 좋은 일이 생긴다면 나에게도 기쁨과 행복이라는 것을 잊지 말자.

03

노력하지 않는
사람

자신의 발전을 위해 노력하지 않는 사람이 있다. 그냥 되는 대로 산다. 잘못을 인정할 줄 모르는 것은 물론이고 잘못된 부분에 대해 알려줘도 절대 인정하지 않는다. 이기적이고 고집이 세다. 자기 잘난 맛에 산다.

이런 사람들은 다른 사람을 위해서도 노력하지 않는다. 자신을 위해 아무것도 하지 않는 사람인데 어떻게 다른 사람을 위해 노력할 수 있을까. 자신의 과제도 못 했는데 다른 사람의 과제를 대신 해주는 것과 같은 맥락이다.

부정적인 성격이지만 자신이 부정적으로 생각하며 사는지 모르는 P가 있다. 상대방이 아무 의미 없이 한 말도 P는 부정적으로 받아들인다.

이때 말을 하는 사람도 중요하지만 듣는 사람도 중요하다. 아무리 좋은 뜻으로 말을 해도 P는 항상 부정적으로 비꼬아서 받아들인다. 평소에 생각하는 모든 것을 부정적으로 느끼고 있어서 상대방이 하는 말 역시 기분 나쁘게 생각하는 것이다. 좋은 뜻으로 했던 말도 P가 스스로 부정적으로 만든다.

주변에 있는 친구들이 알려준다. 부정적으로 생각하는 P에게 잘못 생각하고 있는 것이라며 충고를 해줘도 P는 인정하지 않는다. 친구들은 P의 모습에 점점 지쳐갔다. 자신의 모습을 바꾸려고 노력하지 않았다.

부정적인 생각으로 가득한 사람이다. 다른 사람들과 언쟁이 자주 있다. 그리고 주변 사람들이 부정적으로 생각하지 않기를 바라며 타이른다. 하지만 이런 점을 받아들이지 못하고 인정하지 않는다.

국가는 경제적으로 어려운 국민들에게 지원금을 준다. 이렇게 도움 받는 사람 중에는 지원금을 의미 있는 곳에 사용하여 자신을 더 발전시키는 사람이 있다. 그러나 반대로 국가 지원에 의지해서 지원금만 받으며 살고 아무런 노력도 하지 않는 사람이 있다.

이런 사람들은 왜 노력하지 않을까? 국가는 인간다운 삶을 보장해주기 위해 지원금으로 도와주는 것이다. 그러나 이것 때문에 일하지 않아도 살 수 있다고 생각한다. 정말 실제로 일하지 않아도 지원금을 받기 때문에 살아갈 수 있다. 그런데 누가 힘들게 일하려고 할까?

이것은 말 그대로 불로소득의 허점이다. 노력해서 직업을 가지고 스스로 일을 할 수 있는 사람에게는 직업 훈련을 받도록 한다. 그래서 최소한의 소양을 갖춘 후 직업을 가질 수 있도록 도와줘야 한다.

무언가를 노력해서 자신을 발전시킬 수 있는 능력을 갖고 있다. 하지만 열심히 하지 않는 사람이 있다. 게으르거나 자신감이 없는 사람이다.

게으른 사람은 일하는 것 자체를 싫어한다. 일을 억지로 한다. 회사 출근 시간도 겨우 맞추어 도착한다. 이런 모습을 지켜본 상사들은 성실하지 않다고 생각한다. 그래서 진급하는 것도 다른 사람에 비해 현저히 늦다. 결국 직업으로 성공하는 것과 거리가 멀다. 성실하고 부지런한 모습을 보일 수 있도록 노력해야 한다.

원래 아침잠이 많은 사람은 없다. 내가 꼭 해야 될 일이 있다고 생각하고 무조건 일찍 일어나야 된다며 다짐하고 잠자리에 들면 다음 날 누가 깨워주지 않아도 자연스럽게 일찍 일어나게 된다.

게으른 사람은 자신에게 스스로 채찍질해야 한다. 그래서 출근 시간도 여유롭게 하고 맡은 업무에 최선을 다해 노력해야 한다.

자신감이 없는 사람은 대부분 의기소침하다. 이런 사람들은 도대체 자신감이라는 것은 어디에서 오는지부터 알 필요가 있다. 지금 사는 동네에서 오래 살았다면 어느 식당이 맛집인지, 어떤 길이 지름길인지 등 자연스럽게 안다.

하지만 우리가 여행 또는 이사처럼 낯선 곳을 가면 익숙하지 않기 때문에 의기소침해진다. 이것은 자신이 조금 더 자주 방문하고 노력하면 시간이 해결해주는 것이다.

무엇이든 낯선 것에 대해 익숙해지도록 반복하고 또 반복하다 보면 자신감은 저절로 생긴다.

"나약한 태도는 성격도 나약하게 만든다."
"나는 똑똑한 것이 아니라 단지 문제를 더 오래 연구할 뿐이다."
– 알버트 아인슈타인

"나는 한 인간에 불과하지만, 오롯한 인간이다.
나는 모든 것을 할 수는 없지만, 무엇인가 할 수 있다.

그러므로 나는 내가 할 수 있는 것을 기꺼이 하겠다."

– 헬렌 켈러

아인슈타인과 헬렌 켈러의 명언이다. 우선 목표를 설정해두고 그 목표를 향해 내가 지금 당장 할 수 있는 것부터 시작해보자. 나약하게 행동하면 발전이 없고 여전히 나약한 사람 그 정도밖에 되지 못한다.

자신이 할 수 있는 것에는 무조건 최선을 다해 노력하며 그것을 성취하는 사람이 되어야 한다. 자신의 재능을 알고 있다면 발전시킬 수 있도록 노력해야 한다. 재능을 찾지 못하는 사람도 많다. 하지만 이미 자신의 재능을 알고 있으면서 노력하지 않는 사람은 미련하다.

노력을 위한 목표와 지치지 않는 습관만 가지고 있다면 어떤 것이든 모두 이룰 수 있다. 그리고 여기에 우주의 법칙을 더한다. 지구상에서 가장 강력한 에너지를 가진 말로 '감사합니다, 사랑합니다.'가 있다.

내가 성공한 사람이 되고 싶으면 단순한 생각으로 끝나는 것이 아니라 성공한 나의 모습을 꿈꾸고 선언해야 한다.

우주든 종교든 누군가에게 인간은 소원을 빌게 된다. 간절하고 힘들고 나의 힘으로는 도저히 안 된다고 판단되었을 때 스스로 소원을 빈다. 하지만 이러한 소원이 잘 이루어지지 않을 때가 있다. 그 이유는 자신이 느낀 긍정의 말과 그 소원을 반드시 이루고 말겠다는 마음이 부족해서 그렇다.

初不得三(초부득삼) : 첫 번째로 얻지 못하더라도 세 번째라는 뜻으로, 꾸준히 노력하면 성공을 얻을 수 있다.

人定勝天(인정승천) : 사람이 노력하면 하늘을 이길 수 있다는 뜻으로, 사람이 노력하면 어떤 어려운 일도 극복할 수 있어 인력(人力)은 능히 운명을 만회(挽回)할 수 있다.

노력하면 안 되는 것이 없다. 분명히 육체적으로 변화가 있을 것이다. 노력하고 있기 때문에 몸이 피곤하고 힘들 수 있다. 이것은 내가 열심히 하고 있다는 내 몸의 긍정적인 반응이다. 그리고 마음가짐을 내가 노력하고 있는 것에 대해 매우 긍정적으로 생각해야 한다. 그러면 무엇이든 꼭 이루게 될 것이다.

04

받기만 하는
사람

다른 사람에게 주는 것을 아까워한다. 그래서 받기만 하는 사람이 있다. 봉사는 전혀 해본 적이 없다. 자신이 가지고 있는 것이 더 많으면서 또 받으려고 한다. 욕심이 많은 건지 베푸는 방법을 모르는 건지 받기만 하는 사람은 그렇게 항상 받을 줄만 안다. 나중에는 더 없냐고 되묻기도 한다.

하루라도 빨리 손절하는 것이 좋다. 마음 같아서는 당장 끊어내고 싶다. 하지만 인간관계에서는 쉽게 손절하지 못하는 경우가 있다. 부모와 자식 관계, 부부 관계, 형제나 자매 그리고 회사 동료가 있다. 이런 관계 때문에 당장 끊지 못한다. 그리고 상대방에게 어떤 특별한 사정이 있어서 받기만 하는 입장이 될 수도 있다.

인간관계에서는 진심이 중요하다. 마음이 곧 진심이다. 마음에 드는 상대방이 있으면 물질적으로나 시간적으로 그 사람을 위해 사용한다. 그런데 항상 받기만 하는 사람은 그 관계에 대해 소중히 여기는 마음이 부족하다. 어떠한 큰 것을 바라는 것이 아니다. 작지만 그 사람의 진심을 표현하려는 것이다. 사람 자체는 나쁘지 않다. 하지만 항상 받기만 하면 주는 사람은 언젠가 지치기 마련이다. 지치면 그 사람 곁에서 떠나고 싶다는 생각이 든다. 그리고 받기만 하는 사람은 염치가 없다고 느껴진다.

코로나19로 대구 지역에 봉쇄령이 내려진다는 소문이 있었다. 이 정도로 심각한 피해가 있을 때였다. 나는 이때 경북 경산에서 애견 미용실을 운영 중이었다. 반려견에게도 코로나19가 전염된다는 소문이 있었다. 그리고 길거리에는 지나가는 사람이 거의 없었다. 이 정도로 대구 경산 지역은 그야말로 유령도시가 되었다.

초·중·고등학교 대부분은 원격 수업을 했다. 직장인들은 재택근무로 바뀌었다. 자영업을 하는 사람들은 폐업하는 사람도 많았다. 그리고 이때 착한 임대인 캠페인이 유행했다. 코로나19로 인해 어려움이 많은 자영업자에게 임대료의 부담을 덜어주는 것이다.

내가 운영 중인 애견 미용실도 임대료를 지급하고 있었다. 그리고 건물 주인은 나에게 세 달 동안 임대료의 절반만 받겠다고 했다. 정말 감사했다. 하지만 모든 건물 주인이 착한 임대인 캠페인에 동참했던 것은 아니었다. 임대료를 지급하는 날짜가 하루만 지나쳐도 닦달하는 건물 주인도 있었다.

임대인이 건물 주인에게 임대료를 지급하는 것은 당연하다. 계약상으로 정해져 있는 날짜에 매월 지급해야 한다. 그런데 사람이 살면서 어려운 상황이 발생하면 서로 도와주고 이해하며 사는 것이 이치다. 그리고 이런 행동들이 모이면 정이 된다.

나는 애견 미용실을 그만둔 지금도 그 건물 주인이 생각난다. 내가 어려운 시기에 나를 도와준 고마운 분이다. 건물 주인을 잘 만나는 것도 복이다. 서울로 시집을 오게 되면서 애견 미용실을 그만두었는데 많이 아쉬웠다.

당연하다고 생각하며 받기만 하는 사람에게는 정이 들지 않는다. 그렇다고 반드시 요구할 수는 없다. 더불어 살아가는 세상에서 가장 힘든 시기에 서로 도와주면 마음에 풍요로움을 느낀다.

예전에는 자신의 몫을 잘 챙기는 사람이 최고라고 생각했다. 하지만 요즘에는 자기 것만 챙기고 조금이라도 베풀 줄 모르는 사람은 매우 야박하고 인색하게 느껴진다. 물론 자신의 것을 잘 챙겨야 하는 것은 맞다. 당연히 챙겨야 한다. 그런데 다른 사람이 챙겨주는 것을 받을 줄만 아는 것이다. 그리고 자신에게 손해가 되는 행동은 절대 하지 않는다.

계산적으로 자신의 몫만 챙기려고 하는 사람은 주변 사람들도 모두 느낀다. 친하게 지내는 것이 매우 부담스럽다.

"Give and Take."

내가 상대방에게 준 만큼 나도 상대방에게 받는다는 뜻이다. 내 몫만 챙기려고 하면 안 된다. 받으려고만 해서도 안 된다. 내 것을 나눠준다고 해서 내가 가지고 있는 모든 것을 잃는 것이 아니다.

인간관계는 계산적이고 이해타산적으로 하면 안 된다. 누구든 자신의 것을 손해 보기 싫어한다. 하지만 자신이 약간 손해 봤다는 느낌이 들 때 상대방은 고마워한다. 한없이 착하고 맨날 손해를 보는 사람은 바보 같지만 적당하게 손해를 볼 줄 아는 사람이 현명한 사람이다.

세상에는 받기만 하는 사람이 대다수다. 물론 고마워할 줄은 안다. 그래서 '언젠가는 보답해야지'라며 생각한다. 하지만 이것은 생각뿐이다. 실행하지 않았다. 행동으로 보여지지 않으면 상대방은 모른다. 백 번 생각하더라도 한 번 행동하지 않으면 생각하지 아니한 것만도 못하다. 이처럼 생각만 하고 미루는 사람이 대다수다.

이런 사람 중에 자신을 잘 챙겨주는 사람을 호구로 아는 나쁜 사람도 있다. 그렇기 때문에 받기만 하는 사람을 곁에 두어서는 안 된다. 끼리끼리 어울린다는 말이 있는 것처럼 내 곁에 좋은 사람이 있으면 나도 같이 좋은 사람이 된다. 보고 배우며 느끼게 된다.

내가 서울에서 지내고 있는 집으로 택배가 왔다. 친정에서 보낸 택배다. 택배 기사분도 직접 들지 못해서 카트에 싣고 오셨다. 엄청나게 크고 무거운 아이스박스가 왔다. 우리 부모님은 이런 아이스박스는 어떻게 구하셨을까? 박스 구하는 것부터 힘드셨을 것 같다.

박스에 붙여진 송장에 내가 아는 그 익숙한 주소를 보고 울컥했다. 박스를 뜯는데 테이프를 얼마나 꼼꼼하게 잘 붙이셨는지 틈새가 하나도 없다. 택배 박스가 무사히 잘 도착하길 바라는 마음이 전해진다.

택배 박스를 열어보는 순간 눈물이 핑 돌았다. 이건 정말 말이 필요 없었다. 항상 나를 좋은 말씀으로 응원해주시는 것만 해도 충분한 힘이 되고 위로가 된다. 그런데 내가 먹는 것이 걱정되셨는지 음식을 보내주셨다. 내가 좋아하는 소고기 미역국, 다슬기국, 잡채, 소불고기, 양념돼지갈비, 열무김치, 삼진어묵, 멸치조림, 땅콩조림, 우엉조림, 조기구이, 동그랑땡, 두부 양념구이를 직접 만들어서 택배로 보내주셨다.

이 모든 음식을 만드시려면 정말 얼마나 힘드셨을지 너무 감사하면서 죄송했다. 나는 부모님께 받기만 한다. 항상 받기만 해서 죄송하다. 그런데 부모님은 자꾸만 나에게 더 주신다. 받기만 하면 받는 것이 익숙해질 거라고 생각했다. 하지만 부모님께 받을 때마다 감사하고 죄송한 마음이 크다.

좋은 일에는 함께 축하해주고 힘든 일이 있을 때는 두 발 벗고 나서서 우리를 도와주신다. 행여 이 은혜를 갚겠다고 말이라도 하면 항상 괜찮다고 하신다. 정말 너무 감사하다.

퇴근 후 집에 온 남편은 우리 부모님께서 보내주신 반찬들을 맛있게 먹는다. 남편 역시 고마워했다.

나는 나누는 사람이고 싶다. 내가 도울 수 있는 일은 무엇이 있을까 생각해본다. 그리고 내가 도울 수 있는 사람은 누가 있을까 생각해본다. 내가 받은 관심과 사랑보다 더 많이 나누고 싶다.

앞으로 내 주변을 조금 더 돌아봐야겠다. 나는 아직 보살펴야 할 아기가 있다는 핑계로 내 삶만 살아가기 바빴다. 내가 사랑하는 사람들에게 관심을 더 가지고 마음을 쓰면서 지내야겠다.

항상 받기만 하는 사람은 다른 사람에게 주는 기쁨을 모를 것이다. 내가 누군가에게 선물이나 도움이 될 만한 것들을 줄 때 받는 사람의 표정을 보았는가? 나에게 감사하다는 말과 함께 세상 행복한 표정을 짓는다. 나를 바라보면서 환하게 웃으며 좋아하는 모습을 보면 나도 같이 웃음이 나오고 행복하다. 이런 기쁨 때문에 다른 사람에게 봉사하고 베푸는 것이다.

5장

나에게

좋은 사람이

좋은

사람이다

내가 놓치면 안 될 사람,
그건 나였다

항상 나보다 다른 사람에게 더 많은 관심을 주면서 지냈다. 그러던 어느 순간 자연스럽게 나에게는 소홀해지고 있었다.

'내가 조금 힘들어도 그냥 참으면 되지.'
'본인 몸 아끼지 않고 열심히 하는 사람치고 미움 받는 사람 없어.'
'나는 괜찮아.'
'빨리 끝내고 쉬면 되니까.'
'이 일은 내가 잘하잖아.'

'내가 도와주면 금방 끝이 날 텐데… 조금만 더 도와주자.'

이런 생각을 참 많이 했다. 그런데 솔직히 말하면 나도 힘들었다. 하지만 나보다 다른 사람을 챙겨주는 것이 더 중요하다고 생각했다. 이런 잘못된 착각으로 나를 제대로 신경 쓰지 못하고 있었다.

나는 만삭이었다. 출산 예정일 한 달을 앞두고 몸이 매우 무거웠다. 내 몸 하나 씻는 것도 버거울 정도였다. 그렇지만 집안 청소, 요리, 남편 내조까지 열심히 했다. 반찬을 만들 재료를 사기 위해 근처 마트에 갔다. 나는 재료를 고르는 순간에도 남편이 좋아하는 것 위주로 구매하고 있었다. 만삭인 몸으로 마트에 갔다 오는 것이 나에게는 꼭 군대 장병들이 행군하고 돌아오면 이런 느낌일까 싶었다. 집에 오자마자 반찬을 만들기 위해 이것저것 준비했다. 남편이 좋아하는 진미채 반찬을 만들기로 했다. 그러던 중 갑자기 현기증이 났고 조금 쉬었다가 다시 준비했다. 결국 맛있는 진미채 반찬이 완성되었다. 퇴근 후 남편이 집에 왔고 저녁 반찬으로 맛있게 먹는 모습을 보면 내가 힘들었던 기억은 잠시 잊게 된다.

그런데 결국 그날 밤 일이 터졌다. 배에 심한 통증으로 새벽에 잠이 깰 정도였다. 부랴부랴 서둘러서 응급으로 다니던 산부인과에 갔다. 정말 감사하게도 다행히 그날따라 담당의가 당직이었다. 긴급하게 서둘러 검사를 받았는데 이대로 집에 가면 안 된다고 말했다. 집에 가는 길에 아기가 태어날 수 있다고 했다. 내가 몸을 너무 무리해서 조산기가 왔다. 결국 병원에 입원했고 출산 예정일까지 한 달을 병원에서 지냈다.

아기가 태어나기 전에 나는 하고 싶은 것이 많았다. 출산하면 많이 바빠진다. 그래서 한 달 전에는 여유로움을 만끽하고 싶었다. 먹고 싶은 것, 하고 싶은 것들을 실컷 하며 즐기고 싶었다. 그런데 나는 자신보다 다른 사람을 먼저 챙겼다. 그래서 내가 하고 싶던 것들을 놓치게 되었다.

책을 한 권 쓰기까지는 시간과의 싸움 그리고 자신과의 싸움을 해야 한다. 그래서 보통 작가들은 책에 들어갈 초고(초벌로 쓴 원고)를 완성하면 보상으로 나에게 줄 선물을 미리 정해놓고 시작한다. 이렇게 하면 의지가 강해진다. 원고를 쓰면서 포기하지 않고 잘 완성할 수 있다. 그리고 그 선물을 가질 생각에 기분도 좋아진다. 나와 책 쓰기를 같이 하는 동기 작가들은 초고 완성 선물을 이미 정했다. 본인 책에 사인할 때 필요한 명품 몽블랑 볼펜, 언제 어디서든 글을 쓸 수 있는 노트북, 홀가분한 마음으로 떠나고 싶은 제주도 여행, 그리고 아이패드까지 정했다.

그런데 나는 아무리 생각을 해봐도 나에게 어떤 선물을 줘야 할지 떠오르지 않았다. 다이슨 에어랩을 선물하고 싶었다. 미용실에 가지 않고 머리를 예쁘게 만들 수 있는 드라이기 겸 고데기다. 미용실에 가서 파마하는 비용과 시간을 아낄 수 있고 머릿결을 상하지 않게 하는 장점이 있다. 그런데 나는 아직 아기가 어리다. 내가 돌봐줘야 하는 순간이 많다. 그래서 나에게 조금의 시간을 투자하는 것도 쉽지 않다. 돌이켜보면 평소에 머리를 감은 후 말릴 시간조차 없었기 때문이다. 그런데 무슨 고데기를 하고 있냐 말이다.

나는 이 순간에도 나보다 아기를 먼저 챙기고 있다. 그래서 결국 나는 초고 완성 선물을 뭘 해줄지 정하지 못한 채 원고를 쓰고 있다.

일, 친구, 가족들을 먼저 챙기다 보면 자연스럽게 나를 돌보는 것은 뒷전이 될 때가 있다. 내가 나를 챙기지 않아도 아무도 뭐라고 하는 사람이 없어서일까? 상황과 여건이 안 되면 나를 먼저 챙기는 것이 쉽지 않을 때가 있다. 하지만 사소한 것부터 조금씩 해보자. 그래서 나는 이것부터 시작해보려고 한다.

1. 항상 마시던 믹스 커피 대신 일주일에 한 번 정도는 프랜차이즈 커피 마시기

2. 수고한 나를 위해 좋은 영양제를 하나씩 더 먹기

3. 일주일에 한 번 정도는 수고한 나를 위해 육아 퇴근 후 드라마 시청

하기

　이렇게 나는 이제부터 나를 조금씩 더 돌봐주려고 한다. 아주 작고 사소한 것들이다. 하지만 이렇게 함으로써 내가 생활하고 있는 똑같은 일상에서 활력소가 될 것이다. 그러면 무엇을 하든 기분이 즐겁고 내 주위 사람에게도 좋은 기운이 전달된다.

　자신을 존중하는 감정으로 이루어진 자존감을 높이는 것도 도움이 된다. 나에 대한 감정과 생각을 항상 긍정적으로 하는 것이다. 나는 다른 사람뿐만 아니라 스스로에게도 관심과 사랑, 존중받을 자격이 있다. 그리고 나는 내 주위에 있는 소중한 사람 중에 같이 속해 있다는 것을 기억하자.

　자존감을 높이기 위해 새로운 것을 배워보자. 나의 재능과 관심이 있는 기술을 배워 나의 역량을 높이도록 한다. 그동안 해보고 싶었지만 미루어두었던 공부나 취미 생활을 이번 기회에 시작해도 좋다. 자신의 역량이 향상되는 것은 자존감을 높이는 것에 도움이 되기 때문이다.

　내가 예전에 회사를 다닐 때였다. 항상 집, 회사 이렇게 반복하던 내가 운동을 시작했다. 퇴근 후 가능한 시간에 맞춰 요가 학원에 수강 등록했다. 평소에는 퇴근하고 집에 가면 저녁 식사 후 드라마를 보거나 강아지와 산책했다. 매우 한가롭고 편하다. 하지만 일상이 너무 평범하고 시간이 흐르면 흐르는 대로 지냈다.

요가 학원에 등록하여 매일 요가를 배우는데 처음에는 바쁘다고 느꼈다. 퇴근해서 집에 도착하자마자 간단한 저녁 식사 후 늦지 않게 요가 학원으로 간다.

벌써 도착해서 경직된 몸을 미리 풀고 있는 사람도 보인다. 평범한 생활에 익숙해져 있다가 그날 하루 운동이 끝나고 나면 '나도 뭔가를 했다.'라는 뿌듯함이 생긴다. 그리고 내 몸이 가벼워진 것을 느끼며 기분도 좋다. 자존감이 향상되는 것을 느낀다. 그동안 너무 태연하게 지냈던 나의 시간이 아깝게 느껴진다.

어떤 일을 진행하다 보면 잘 안될 수도 있다. 너무 잘하려고 하다가 실수할 때도 있다. 누구든 완벽한 사람은 없다. 사람이니까 실수할 수 있고 잘못할 수 있다. 반성해서 앞으로 그런 일이 발생하지 않도록 하면 되는 것이다. 그런데 어떤 사람들은 잠깐의 실수와 잠깐의 일을 심각하게 생각하며 자기 자신을 비난하고 자책한다.

"그럴 수도 있지."

"어려움은 있었지만 나는 이 일을 잘 끝낼 수 있어."

"잘했어! 오늘 정말 멋있었어! 다 잘될 거야!"

이렇게 나를 칭찬하며 용기를 북돋워주자. 희망적이고 긍정적인 말을 하는 것이다.

내가 놓치면 안 될 사람은 바로 나였다. 무조건 자신의 생각이 옳고 제멋대로 행동하는 자기중심적인 사람이 되어야 한다는 뜻이 아니다. 다른 사람을 챙겨주되 나를 놓치지 마라는 것이다. 내가 먼저 나를 소중하게 생각해야 다른 사람들도 나를 소중하게 대한다.

나를 단단하게
만들기

고난과 역경이 있기에 나를 성장시킨다. 만약 밑바닥까지 내려갔더라도 절망하지 말자. 그건 바닥의 끝이 아니라 그 바닥을 짚고 다시 뛰어올라 정상까지 가기 위한 밑거름이 된다. 내가 살면서 제일 힘든 상황일 때 나도 모르는 초인적인 힘이 나온다.

삶이 힘들다. 사는 것이 너무나 고통스럽다. 그 사람과 같은 공간에서 같은 공기를 마시고 있는 것조차 버겁다. 이렇게 괴로운 감정을 느끼는 순간에 삶을 포기하거나 무너지는 사람들이 아주 많다. 하지만 절망하지 말자. 이때 자신을 더 단단하게 만들 수 있다. 자신을 더 성숙하고 발전시킬 수 있는 기회다.

살다 보면 끝이 보이지 않는 어두운 긴 터널을 홀로 걸어가고 있는 것을 경험하는 순간이 있다. 내가 얼마나 더 가야 빛을 볼 수 있을까? 외롭고 힘들고 고달프게 걸어가고 있는 이 길을 도대체 얼마나 더 참아야 할까? 이건 그 누구도 알 수 없다.

하지만 내가 그 어두운 터널 속에 있다는 것은 빛을 보기 위한 과정이다. 터널은 지나가는 길의 일부분이며 그 끝에는 분명히 밝은 빛이 나온다. 잠시 힘든 이 고통을 잘 이겨내면서 나를 단단하게 만들어야 한다.

한편으로 생각하면 무엇이든 쉽게 이루어지는 것은 없다. 편하고 쉽게 이룰 수 있다면 누구나 할 수 있지 않은가? 힘들게 얻고 그만큼 많은 노력했을 때 주어지는 달콤한 결과가 그 터널의 출구가 아닐까 싶다. 그리고 어쩌면 이것 또한 시간이 흐르면 그리운 나의 추억이 될 수도 있다.

보통의 사람들은 과거를 회상하고 그 과거 속에서 받은 상처에 연연하며 살아간다. 그러나 과거는 다시 돌아오지 않는다.

'그때 그렇게 하지 않았으면, 내가 이렇게 되지 않을 텐데…' 이런 미련을 계속 가지고 있다면 나는 아직도 그 과거 속에 멈춰 있는 것이다. 이것은 곧 시간 낭비다.

과거 속의 잘못과 후회스러움을 디딤돌로 딛고 일어서야 한다. 과거의 모습을 계기로 이제는 그렇게 하지 않으면 되는 것이다. 앞으로 다가올 미래에 대해 더 좋은 방향으로 바뀔 수 있도록 반성하고 준비해야 한다. 계속 과거 속에 멈춰 있다면 나를 무너지게 하는 것이다. 그리고 다음에 또 그런 후회스러운 과거와 비슷한 일로 맞닥뜨리게 될 것이다. 앞으로의 발전을 위해 지나간 일은 지나간 대로 아쉬운 일은 아쉬운 대로 흘려보내야 한다.

세상에 나 혼자 존재하는 것이 아니다. 그러므로 이 세상이 내 마음대로 살아지는 것도 아니다. 그러니 누구를 원망하거나 스스로 자책하는 것에 시간을 보내지 말고 앞으로 다가올 미래의 나에게 집중하며 나를 단단하게 만들어 나가야 한다.

누구나 마음속에 걱정이 있다. 수많은 걱정이 머릿속에 가득 차 있다. 이런 걱정들은 꼬리에 꼬리를 물고 커져서 나중에는 진짜 무엇이 걱정인지도 모를 정도가 된다. 다가오지 않은 일에 대해 미리 상상하고 겁을 먹는다. 이럴수록 점점 더 부정적인 생각이 들면서 자신감을 잃고 스스로 약해져간다.

심리학자 '어니 젤린스키'의 걱정에 관한 연구에 따르면
"걱정의 40%는 절대 현실로 일어나지 않고,
걱정의 30%는 이미 일어난 일에 대한 것이고,
걱정의 22%는 안 해도 될 사소한 것이고,
걱정의 4%는 우리 힘으로도 어쩔 도리가 없는 것이고,
걱정의 4%는 우리가 바꿀 수 있는 것이다."

결국 우리가 할 만한 걱정은 4%밖에 되지 않는다. 그러므로 하지 않아도 될 걱정으로 인해 스스로 옭아맬 필요가 없다.

"걱정해서 걱정이 없어지면 걱정이 없겠네."라는 티베트 속담이 있다.
내가 아무리 걱정해도 달라지는 건 없다. 그러니 걱정할 필요가 없다는 뜻이다. 앞으로 잘 나아가려고 해도 불안한 걱정 때문에 이런 것들이 좋은 길을 가로막고 있는 것과 같다.
걱정이 걱정을 낳고 긍정이 긍정을 낳는다. 아무리 사소한 걱정이라도 너무 오래 고민하면 점점 아파온다. 나중에는 마비시킬 것이고 그 뒤에

는 아무것도 하지 못하는 상황이 올 것이다. 지금부터라도 과감하게 걱정을 내려놓는 연습을 한다면 나를 조금씩 더 단단하게 만드는 과정이 될 것이다.

걱정거리 앞에서 스스로 괜히 작아져서 움츠려 있기보다는 여유롭고 당당하게 걱정을 헤쳐나가야 한다. '나는 할 수 있어!', '괜찮아 다 잘 될 거야!' '사랑해!' '최고야!' 같은 말로 당차게 걱정을 이겨내야 한다.

내가 하는 걱정을 어느 누군가와 나누면 나에게 힘이 많이 된다. 보통 본인의 일을 스스로 해결하기 어려울 때가 있다. 왜냐하면 객관적으로 바라보는 것이 어렵기 때문이다. 이런 때에는 주변에 있는 사람에게 나의 걱정에 대해 말을 해보자. 그러면 내가 생각하지 못했던 문제를 알아차릴 수도 있고 도움이 되는 조언을 들을 수 있다.

태풍이 심하게 오면 흔들리지 않는 나무는 하나도 없다. 억지로 버티면 버틸수록 나무의 가지만 부러지게 된다. 하지만 어떤 태풍도 오래 머물지 않는다.
이처럼 외부 자극으로 인해 흔들릴 때는 흔들려도 괜찮다. 언젠가는 지나가게 되어 있다. 그렇기에 지금 하는 걱정이 너무 크고 벅차겠지만 이것 역시 금방 지나갈 것이다. 곧 괜찮아진다.

인간관계에서 미워하거나 원망하는 사람이 있다면 용서해야 한다. 내 마음속에 미워하는 감정을 갖고 있으면 나도 언젠가 그 사람처럼 안 좋은 모습을 닮게 된다. 그러므로 앞으로의 나를 위해서 용서하는 것이다. 그렇다면 당신은 어떠한 상황에서도 과거를 회상하며 후회하는 일은 없을 것이다.

이렇게 지낸다면 당신은 스스로 단단하게 만들어져서 다치지 않고 본인 스스로 지킬 수 있다. 그리고 누구든 당신을 함부로 대하지 않을 것이다.

이 세상에 당신만큼 소중하고 귀한 존재는 없다. 그러니까 당당하게 살아야 한다. 너무 약하면 쉽게 상처받고 무너지게 된다. 한 걸음씩 천천히 내딛다 보면 알게 될 것이다.

나를 단단하게 만들면 앞으로 마음에 상처를 받는 것도 무뎌지게 된다. 사소한 일들에 의미를 부여하고 상처받는 일이 없었으면 좋겠다. 중요한 것은 언제나 굳건하게 나의 중심을 잡는 것이다.

03

친한 친구에게 하듯
나를 위로해주자

인생은 항상 잘 다듬어진 포장된 좋은 길만 있는 것이 아니다. 자갈길도 있으며 흙길도 있다. 가끔은 폭우가 내리는 길을 걸어가야 할 때도 있고 땅이 꽁꽁 얼어붙은 빙판길을 가야 할 때도 있다. 하지만 항상 고달픈 길만 있는 것도 아니다. 험한 길을 지나다 보면 어느 순간 햇볕이 내리쬐는 넓은 잔디밭을 걸어가는 날도 온다.

친구 P가 사랑했던 연인과 헤어졌다. 앞으로 만날 수도 없고 대화를 할 수도 없다는 현실이 P를 힘들게 했다. 시간이 흐르면 자연스럽게 점점 잊혀지고 괜찮아진다. 세상에 그 사람만 있는 것이 아니다. 이런 사실을 대부분 잘 알고 있지만 정작 당사자는 인지하기 어렵다. 세상이 무너진 것처럼 괴롭고 힘들다.

친구 P는 나랑 대화 도중에도 계속 핸드폰만 쳐다보고 있었다. 혹시 헤어진 사람한테 연락이 올까 봐 기다리는 것이다. 밥도 챙겨 먹지 않고 핸드폰에 온 신경이 가 있다. '시간이 약이다.', '시간이 해결해줄 거야.' 이런 위로를 해줄 수 있지만 지금은 어떤 말도 들리지 않는다. 그래서 나는 친구 P의 이야기를 가만히 처음부터 끝까지 모두 들어주었다.

헤어진 연인과 다투었던 일, 재미있고 행복했던 일, 화가 났던 일, 다시 연락 올 가능성에 관한 이야기들을 모두 들어주었다. 친구 P의 입장에서는 어떠한 조언을 해주기보다는 옆에 같이 있어주거나 들어주기만 하는 것으로도 충분한 위로가 된다. 그리고 친구가 엉엉 소리 내며 울었다. 나는 울고 있는 친구를 한참 동안 다독여주고 위로해주었다.

그 이후 나도 친구 P와 비슷한 경험을 했다. 키우던 강아지가 하늘나라로 갔다. 매일 나랑 함께하던 가족이나 다름없는 강아지였다. 항상 내 곁에서 잠을 자고 나만 바라보며 기다렸다. 나를 지켜주던 강아지였다.

이제 못 본다는 현실이 너무 괴롭고 힘들었다. 내 일상 모든 곳에 그 강아지가 남아 있었다. 하늘나라로 갔다는 상황이 믿기지 않을 정도다. 그렇지만 끝은 끝이었다. 며칠 동안 하염없이 울면서 하루하루를 보냈다. 하루가 일주일이 되고, 일주일이 한 달이 되고, 한 달이 일 년이 되면서 시간은 점점 흘러갔다. 나도 모르는 사이에 슬픈 마음이 무뎌지고 일상 생활이 가능해졌다. 하지만 내 기억 속에는 여전히 사랑하는 우리 강아 지 '후퍼'로 남아 있다.

힘든 만큼 힘들어하고 울고 싶은 만큼 울고 이별에 대해 마음껏 아파 해보는 것이다. 울고 싶을 때는 실컷 울어도 괜찮다. 소리 내서 엉엉 울 고 나면 속이 시원하다. 아파했던 만큼 후련해진다. 그러면서 그 상황을 견뎌낼 수 있다.

친구 L의 회사에는 자신의 기분에 따라 행동하는 팀장이 있다. 자신의 기분을 노골적으로 표현하며 부하 직원들을 힘들게 한다. 기분이 좋은 날은 맛있는 점심을 사준다. 하지만 기분이 좋지 않은 날은 조용하게 자 신의 업무에 집중하고 있는 팀원에게 갑자기 시비를 걸었던 적도 있다. 사사건건 간섭도 심하고 직원들의 개인적인 일까지 참견한다. 친구 L은 회사를 그만둔다면 그 팀장 때문에 퇴사할 것이라고 한다. 그러면서 친 구 L은 팀장의 험담을 계속한다. 어느 순간 이야기를 듣고 있으면 나도 화가 나기도 했다. 친구 L은 속상했던 일, 화가 났던 일들을 나에게 모두 털어놓은 후 기분이 풀린다고 했다.

　힘들어하는 친구를 위해 내가 특별하게 한 것은 없다. 단순히 그냥 친구의 기분과 마음을 헤아려주고 진심으로 공감해줬다. 이렇게 위로해주었을 뿐인데 친구는 나에게 고맙다고 표현했다.

　나는 예전에 애견 미용실을 운영했던 적이 있다. 어느 날, 같은 동네에서 식당을 운영하는 부부가 유기견을 키우게 되었다며 나에게 미용해주길 원했다. 나는 우선 유기견의 상태가 어떤지 확인 후에 미용 스타일을 봐드리겠다고 말했다. 왜냐하면 유기견은 긴장하고 있는 강아지들이 많다. 무서움과 두려움에 지쳐 있기 때문이다. 이렇게 힘들어하는 상태에서 내가 강아지의 온몸을 만지며 미용하는 것은 좋지 않다. 강아지에게 혹독한 고통이다.

　일단 그 손님은 예약 시간에 맞춰 유기견을 데려왔다. 내가 예상했던 것처럼 강아지는 두려움에 벌벌 떨고 있었고 나와 눈도 못 마주칠 정도로 극도의 흥분 상태였다.

　강아지가 낯선 밖에서 홀로 다니며 먹지도 못하고 쉬지도 못했으니 힘든 것이 당연하다. 그러므로 오늘은 그냥 집에 데려가서 편히 쉬게 하고 일주일 뒤 다시 예약을 잡아드리겠다고 했다. 하지만 부부는 완강히 반대했다. 무조건 지금 당장 해주길 원했다.

어쩔 수 없이 나는 미용을 진행했다. 간단한 미용으로 아주 조금만 했는데 유기견은 너무 힘들어했다. 강아지의 눈에서 눈물이 나는 것을 보고 나는 즉시 미용을 중단했다. 그랬더니 그 부부는 미용이 덜 된 강아지의 모습을 보고 나에게 화를 냈다. 욕까지 섞어가며 신경질을 냈다. 애견 미용실 출입문 앞에서 지나가는 사람들에게 들으라는 식으로 여기 미용 정말 못한다며 소리 질렀다. 그렇지만 나는 끝까지 미용해줄 수 없다고 했다. 나는 말 못하는 강아지의 입장이 되어 말한 것이다. 힘들어하는 강아지를 위해서 해주지 않았던 미용이었다.

물론 강아지 상태가 매우 더럽고 미용이 제대로 안 된 것은 맞다. 하지만 강아지의 정서가 불안정하니 일주일만 쉬게 해주고 다시 하면 되지 않은가? 집안에 데리고 있으면 집이 더러워지는 것 또한 사실이다. 하지만 유기견을 데려가서 키우면 이 정도는 감수하겠다는 것 아닌가?

그때 나는 애견 미용실을 운영하고 두 달밖에 되지 않아서 매우 조심스럽고 고객 전부 너무 감사하고 소중하던 시기였다. 그 일이 있고 나서 나는 마음의 상처를 많이 받았다.

어느 날 그 부부가 운영하는 식당 앞을 우연히 지나가게 되었다. 나도 모르게 나쁜 말이 나왔다. 그리고 느꼈다. 속이 정말 시원했다.

마음에 담아두지 말자. 가끔은 속 시원하게 모든 것을 털어놓으면서 힘들었던 마음도 같이 털어내는 것이 좋다. 마음에 담아두면 속앓이를 하게 된다. 담아둔 속앓이들은 언젠가 사라지게 될까? 물론 어느 정도는 사라진다. 하지만 거의 대부분 딱지가 떨어진 흉터로 평생 남아 있을 수도 있다.

주위 사람에게 힘든 일이 있으면 이야기를 잘 들어주고 위로도 해주며 조언도 한다. 그리고 맛있는 음식까지 사주며 힘이 되어준다. 그러면서 정작 나에게는 왜 그렇게 못하는 걸까? 친한 친구에게 하듯 나를 위로해주자. 친한 친구에게는 내가 할 수 있는 최대한의 방법으로 위로해준다. 그러나 정작 나는 내가 힘들 때 왜 진정으로 나를 위로해주지 못할까?

나의 마음에도 해우소가 필요하다. 무조건 참고 시간이 흐른다고 해서 괜찮아지는 것이 아니다. 울고 싶을 때는 실컷 울며 내 감정을 모두 표출하자. 그리고 마음속에 담겨 있는 응어리를 버린다. 결과적으로 내가 처해 있는 그 힘든 상황이 달라지는 것은 아니다. 하지만 자신에게는 많은 변화가 생긴다. 마음에 진심으로 위로가 될 것이다.

나 자신과
잘 지내기

자신이 제일 좋아하는 것이 무엇인지 물어보면 바로 대답할 수 있는 사람은 몇명 없다. 이런 질문을 받으면 좋아하는 것에 대해 기준이 무엇인지 생각하기 때문에 대답이 늦다.

좋아하는 것에는 기준이 없다. 게임, 공부, 늦잠, 효도, 운동, 축구, 여행, 맛집 탐방, 치킨, 피자 등 사람 취향에 따라 여러 가지가 있다. 일반적으로 자신이 좋아하는 것을 하면 기분이 좋다. 이처럼 자신이 좋아하는 것을 하며 자신과 잘 지내는 사람은 자존감도 높은 경우가 많다. 그리고 이런 사람들은 타인과의 관계도 좋다.

결혼하면서 직장을 그만둔 선배 J가 있다. 은행에 다니던 선배였는데 본인이 원하면 정년까지 보장해주는 안정된 직장이었다. 하지만 J는 원래부터 직장 생활을 오래 할 마음이 없었다. 결혼해서 전업주부로 생활하며 지내는 것이 꿈이었다. 남편이 벌어 오는 월급으로 생활하며 지내는 것이 좋다고 했다. 남편이 아침에 출근하고 나면 J는 혼자 명상하며 커피 한잔의 여유를 가진다. 그리고 필라테스 운동을 다녀온다. 이렇게 자신이 하고 싶은 것을 하며 매일 여유롭게 지냈다.

그러던 어느 날 J의 남편이 식도암에 걸리면서 회사를 그만두게 되었다. 하루아침에 J의 가정에는 소득이 없어졌다. 각종 세금, 보험료, 생활비처럼 고정 지출은 퇴직하면서 받은 퇴직금으로 충당하고 있었다.

J의 남편은 수술 후 병원에 입원하여 몸 상태의 경과를 지켜보고 있었다. 남편의 병원비도 부담이 되었다. 이렇게 마냥 소득 없이 지낼 수는 없었다.

앞으로 J가 직접 돈을 벌어 생활해야 했다. 하지만 J는 지금까지 남편에게 의지하며 살아왔고 자신이 직접 일을 하는 건 원하지 않았다. 그리고 자신이 어떤 일을 할 수 있겠냐며 절망했다. 과거에 은행 창구 업무를 하던 J는 이것보다 힘든 일은 하기 싫었다. 그때 그 당시에는 J가 젊은 나이에 신입으로 입사했기 때문에 은행에 취업이 가능했다. 그러나 지금은 세월이 흘러 나이도 많이 들었고 경력도 단절되었다. 그래서 회사에 재취업하는 것은 불가능하다고 단정 지었다.

남편이 벌어 오는 월급으로 생활할 때는 항상 긍정적이며 여유롭게 생활하던 J였다. 하지만 남편이 병에 걸린 후 J는 모든 것을 낙담한 듯 부정적으로 사람이 바뀌었다. 무작정 어떤 일이든 해서 돈을 벌어 남편 병원비라도 충당해야 했다. 하지만 J는 힘들고 어려운 일은 못 한다고 했다.

어떤 일이든 사람이 하는 것이다. 다 똑같은 사람인데 누구는 하고 누구는 못 하는 것이 어디 있단 말인가? 마음가짐이 부족해서 자신이 없는 것이다. 그리고 편한 생활을 누려봤고 자신의 꿈이 주부였기 때문에 앞으로도 힘들고 어려운 일은 하기 싫은 것이다. 못해서 안 하는 것이 아니라, 하기 싫어서 안 하는 것이다.

하기 싫어서 하지 않는다면 자기 자신은 하염없이 나락으로 떨어진다. 자신을 절벽 끝으로 밀어내고 있는 것과 같다. 하지 않았을 때 아무런 문제가 생기지 않으면 안 해도 된다. 그렇지만 문제점이 발생한다면 이것은 다르다. 무조건 해야 한다. 그리고 세상에 못 하는 것은 없다. 하기 싫어서 안 할 뿐이지.

자신의 인생을 누군가에게 의지하려고 하지 말자. 주도적인 사람이 되어야 한다. 누군가에게 기대려고 하면 할수록 더 외롭고 공허해진다. 자신이 가지고 있는 능력을 헛되게 놔두지 말자. 부지런해져야 한다. 자신이 가진 재능을 왜 감추며 살아야 하는지 이해할 수 없다.

하기 싫으면 어쩔 수 없다. 그렇지만 자신이 불가능하다고 생각하면 앞으로 계속 못하게 된다. 발전이 없다. 만약 너무 힘들어서 놓았다면, 잠시 쉬었다가 다시 시작하면 된다. 안 된다고 생각하니까 자꾸만 실패하는 것이다.

나는 오늘도 여전히 집에서 혼자 육아에 전념했다. 아기 목욕시키기, 수유하기, 아기 옷 빨래 정리하기, 아기랑 놀아주기, 집안 청소, 아기 젖병 씻고 소독하기, 아기 장난감 열탕하기, 그리고 처음 해보는 아기 이유식 만들기는 책을 참고해서 방법을 보며 열심히 따라 했다. 요즘에는 우리 아기가 이앓이로 밤잠도 깊이 못 자고 새벽에 자주 깬다. 잇몸을 뚫고 나오는 이가 얼마나 아픈지 새벽에 깨면 소리 내어 엉엉 운다. 아기를 내 품에 안아서 달래주면 다시 잠이 든다. 공포의 이앓이라고 하는데 내가 대신 아파주고 싶은 마음이다. 성인들도 치아가 아프면 밥도 먹지 못할 만큼 쓰리고 고통스러운데 작고 연약한 아기는 얼마나 많이 아플지 너무 안쓰럽다.

아기도 밤잠을 설치지만 나도 역시 잠을 못 자고 있어서 매우 힘들다. 잠이 보약이라는 말이 사실이라는 것이 느껴진다. 피곤이 쌓였고 몸도 힘들지만 내가 힘들어하는 것을 표현하면 안 된다. 이런 감정이 아기에게 전달되기 때문이다.

가끔은 혼자 집에서 아등바등 정신없이 바쁘게 지내다가 어느 한순간 나도 모르게 갑자기 허탈하기도 하고 공허함을 느끼기도 한다.

아기를 재우고 나서 빨래를 정리하며 베란다 창문 밖을 보았다. 도로에는 주말을 즐겁게 잘 보냈다는 듯한 차량 행렬이 줄지어 간다. 나는 혼자라는 생각이 들기도 했다. 그래서 나는 수고한 나를 위해 한번 안아주었다. 양손으로 나를 감싸듯 안아주었다. 내가 나를 스스로 위로해주었다. 내 자신과 잘 지내기 위함이다. 그리고 나는 내일도 힘내서 다시 육아에 전념한다. 어찌 되었든 나는 지금 이 순간 사랑하는 내 딸을 위해 최선을 다할 것이다.

자신과 잘 지내면 기분이 좋다. 기분이 좋으면 긍정적인 생각을 많이 한다. 긍정적인 생각을 하다 보면 자연스럽게 좋은 일이 생긴다.

내가 밝게 지내면 주위 사람들 역시 나의 기분에 전염되어 즐거운 생활을 한다. 나는 자신과 잘 지내기만 했을 뿐인데 이것과 연결되는 상황들은 여러 가지가 있었다. 이처럼 나와 잘 지내는 것이 얼마나 중요한지 알게 해준다.

자신이 좋아하는 사람, 취미, 일에는 최선을 다하여 행동해야 한다. 하지만 대부분 반복되는 일상이 지루하고 하기 싫고 피곤할 수 있다. 가끔은 현실 도피하여 그 상황을 벗어나고 싶을 때도 있다. 아무리 좋아하던 것이라도 지칠 때가 있다. 내가 정말 좋아하는 것에 대해 게으름이나 요령을 피우려고 하면 언젠가 후회한다. 대충하지 말고 후회하지 않게 자신이 좋아하는 것은 최선을 다해 행동해야 한다.

누구나 힘들고 지칠 수 있다. 세상에 혼자라는 생각이 들면서 외로울 수 있다. 하지만 분명한 건 언젠가 이것 또한 지나간다. 그리고 나중에는 이런 상황들이 당신만의 추억이 될 수 있다. 힘든 상황을 이겨낸 당신에게 정말 최고라고 칭찬해주고 싶다. 자신과 잘 지내자. 행복한 일은 저절로 따라온다.

언제나
나는 내 편

왜 이렇게 잘되는 일이 없을까? 하는 일마다 계속 엉망진창이다. 일이 계속 꼬이고 꼬여서 이제는 반 포기 상태다. 잘할 수 있는 것이 있기는 할까? 성공보다는 실패라는 단어가 더 익숙하다. 잘나가는 사람들을 보면 다른 세상에 사는 사람 같다. 옆에 아무도 없는 것 같다. 쓸쓸하고 외롭다.

이런 생각을 하는 사람이라면 그 누구보다 자신을 잘 돌봐주어야 한다. 살면서 잊지 말아야 할 것은 당신의 오른손을 잡아줄 이는 힘없는 왼손뿐이라는 것이다.

학교 선배 Y가 있다. 선배는 졸업 후 전공했던 학과와 다르게 공무원 시험을 준비했다. 정말 열심히 했다는 것을 안다. 하지만 주위 사람들은 결과를 중요하게 생각하며 관심을 가진다. '합격했어? 시험 붙었어? 시험 발표 날짜는 언제야? 시험 잘 봤어?' 궁금한 것이 아주 많다. 그런데 전부 결과에 대한 궁금증이다. 선배는 시험에 불합격했다. 대답하기 어려운 질문만 많이 받았다. 너무 곤란했다.

사실 선배 Y는 공무원 시험을 오랫동안 준비했다. 마음 편히 쉰 적 없이 정말 열심히 공부했다. 하지만 결과는 불합격이다. 주위 사람들은 선배가 얼마나 열심히 준비했는지 궁금해하지 않았다. 오로지 결과만 중요시하는 현실이 힘들었다.

하지만 선배 Y는 절대 포기하지 않았다. 다음 해 그다음 해까지 계속 공무원 시험을 준비했다. 이렇게 10년이라는 세월이 흘렀고 선배의 나이 앞 자릿수도 바뀌었다. 10년의 공부 끝에 공무원 시험에 합격했다. 가족은 물론 주위 사람들까지 선배 합격 소식에 모두 좋아했다.

미국 NYU 티시 스쿨의 졸업식장에서 배우 '로버트 드 니로'가 졸업식 연설을 한 내용이다.

"이제 맞춤 티셔츠를 입게 될 것입니다. 그 티셔츠 앞면에는 '다음'이라는 말이 적혀 있습니다."

연설이 끝날 즈음에 그는 이렇게 말했다.

"자신의 꿈을 펼치세요. 그리고 항상 기억하세요. '다음'이라는 말을."

무엇이든 전부 마음먹은 대로 된다면 그것은 초인간적인 존재 신밖에 없다. 사람이니까 누구나 실수할 수 있고 실패할 수 있다. 절대 낙담하지 말자. 이런 계기를 발판으로 삼아 다시 도전하면 된다. 다음, 다음 안 되면 또 그다음이 있다. 도전했다가 잘 안될 수 있다. 그러면 다음에 또 하면 된다. 그럼 분명 아주 완벽한 성공으로 이뤄낼 수 있다.

조금 늦으면 뭐 어떠한가? 사람들은 과정보다 결과를 더 중요시하는 것은 사실이다. 아무리 내가 힘들게 준비했더라도 결과가 좋지 않으면 사람들은 실망한다. 그리고 어떤 사람들은 내 꿈을 포기하게 만드는 사람도 있다. 계속 준비할 거냐부터 시작해서 이제 그만하는 것이 어떠냐고 내 꿈에 대해 함부로 말하는 사람이 있다. 그럴 때는 간단하게 "싫어!"라고 말하면 되는데 이런 말을 눈치 보지 않고 당당하게 할 줄 아는 사람은 많지 않다.

계속되는 실패로 자존감도 많이 떨어졌고 나중에는 정말 그만두는 것이 맞을까? 하는 생각이 머릿속을 지배한다. 하지만 내가 정말 좋아하는 꿈이라면 포기하지 말자. 내가 내 편에서 다독이지 않으면 누가 진심으로 응원해준다는 말인가?

    내가 매일 아침마다 다짐하는 나의 목표는 어제보다 더 나은 오늘을 사는 것이다. 그런데 이런 다짐을 하면서 문득 드는 생각이 있다. 내가 정말 잘하고 있는지, 목표에 맞게끔 노력하는지 스스로 체크해본다.

    육아하면서 제일 힘든 점은 시간을 내 마음대로 쓸 수 없다는 것이다. 내가 원하는 시간에 필요한 만큼 못 쓴다. 이런 힘든 점 때문에 가끔은 나를 무기력하게 만들기도 한다. 나의 개인적인 생활을 포기하고 싶게 만든다. 하지만 이것은 어쩔 수 없는 것이다. 그래도 아기가 잠자는 시간만큼은 내가 무엇을 할 수 있다는 것에 감사하다고 생각한다.

    SNS을 통해 보는 다른 사람들은 100일도 지나지 않은 아기를 데리고 백화점에 쇼핑하고 식당가서 금방 나온 따끈한 음식을 먹는다. 하지만 나는 그 사람들과 다르다. 집안에서 하루 종일 편한 옷을 입고 독박육아에 지친 내 모습이 초라하게 느껴진다.

    그러나 반대로 생각해보면 현대사회에서 많은 부부가 불임을 경험하고 있다. 아기를 갖고 싶은데 원하는 대로 쉽게 되지 않는 부부에게 나는 부러움의 대상이 될 것이다.

    지금 내 모습은 잘할 수 있는 일이 없는 것 같다. 하지만 사람은 어떻게 변할지 모르는 것이 인생이다. 단순하게 생각해보면 나는 오늘 아이스크림을 먹었다. 그런데 어제의 나는, 오늘 내가 아이스크림을 먹을 줄 몰랐지 않은가? 이처럼 사소한 일이라도 내일이 되면 어떻게 달라질지 모르고 어떤 식으로 변화되어 사라질지 모른다. 현재의 한순간만 보고 조급해하거나 실망하지 않기를 바란다.

제일 중요한 것은 자신을 스스로 미워하지 않았으면 좋겠다. 아주 잘하고 있고 열심히 한 자신에게 최선을 다했으니 아주 잘했다고 다독여주자.

사람들은 자신이 생각하고 싶은 대로 생각하고 말하고 싶은 대로 말한다. 그 사람의 관점에서 나를 평가하는 것이다. 이런 평가에 너무 휘둘리지 말자. 기준은 내 자신이어야 한다.

어떤 일을 하든 너무 완벽해지려고 애쓰지 말자. 그리고 그 결과에 낙담하지 말아야 한다. 내 인생에서 제일 중요한 순간에 나의 소중한 시간을 이용해 최선을 다했다. 그럼 그것으로 충분하다. 결과가 좋든 아니든 기회는 항상 돌아오기 때문이다.

나의 체력, 나의 재능, 나의 주변 환경이 부족하다고 해서 자책하면 안된다. 이미 일어난 상황들은 되돌릴 수 없다. 하지만 내가 노력하면 달라질 수 있다. 나에게 부족했던 것이 조금씩 변화되는 것을 느낄 수 있다. 물론 조금 늦어질 수는 있다. 하지만 분명한 것은 내가 먼저 바뀌면 나를 둘러싸고 있는 환경도 바뀐다.

나의 부족한 점에 대해 불만을 토로하며 불행하다고 생각할 시간에 내가 어떻게 하면 변화할 수 있을지 생각해야 한다.

'신은 누구나 감당할 수 있을 만큼의 고통만 준다.'라고 했다. 아픔과 시련이 없는 사람은 없다. 누구나 스스로 견뎌내야 할 고통이 있다. 하지만 이 고통을 어떻게 받아들이냐가 중요하다.

어떤 사람은 고통을 이겨내지 못하고 포기한다. 물론 이것이 잘못된 것은 아니다. 사람마다 모두 성향이 다르니까 못 할 수도 있다. 하지만 포기하기 전에 한 번쯤은 자기 자신을 위해 버틸 수 있는 만큼 최선을 다해서 노력해 봐야 한다.

지금까지 항상 다른 사람을 기준으로 살아왔다면 이제부터는 나를 기준으로 해서 살아보는 것도 하나의 방법이다. 기준 잣대를 바꾸는 것이다. 항상 다른 사람을 더 챙겨주고 위로해주고 응원했다. 그렇다면 앞으로는 내 기준에서 오늘 하루도 수고한 나를 위해 다독여주고 칭찬해주면 된다.

하루하루 버티는 것이 너무 힘들고 고달프다. 하지만 어쩌겠는가? 신은 정말 감당할 수 있는 고통만 준다는데 나도 한번 버텨보자.

원래 인생에는 굴곡이 있다. 평탄하게 살아온 사람은 이 세상에 단 한 명도 없다. 한번 해보자. 엄청 외롭고 힘든 생활인 거 안다. 하지만 이 고통이 지나가면 분명히 좋은 날이 올 것이라고 장담한다. 당신은 자신을 위해 참고 버틴 정말 멋진 영웅이기 때문이다.

06

내 마음에도
저축하기

돈이 모이면 저축한다. 많은 돈을 가지고 있으면 적금을 넣는다. 매달 꾸준하게 저축하면서 돈을 모은다. 시간이 흐르면 저축한 돈만큼 이율을 따져 이자를 준다. 저축한 것에 대한 보상이다.

그런데 마음은 돈으로도 살 수 없는 무한대의 가치가 있다. 하지만 일반적으로 마음에도 저축해야 한다는 생각은 쉽게 하지 않는다. 내 마음에 꾸준하게 저축한다면 돈으로 적금을 넣었을 때 받는 이자율보다 훨씬 높다.

동네 이웃에게 내가 가지고 있는 것을 드렸다. 친정에서 받은 상추,

파, 마늘 등을 같이 나누어 먹었다. 어쩌다가 제철 과일을 사게 되면 몇 개뿐이지만 한번 맛보라고 드렸다. 특별한 것은 없지만 소소하게 정을 나누었다.

부담스럽지 않는 선에서 내가 충분히 할 수 있는 것이다. 그래서 이웃과 나누어 먹었을 뿐인데 이웃집에서는 매우 좋아했다. 직접 기른 야채만큼 귀한 것이 어디 있냐며 하나도 버리지 않고 먹겠다고 말했다. 좋아해주시니 나도 기분이 좋았다. 주위 사람에게 베푸는 기쁨과 행복을 느낄 수 있었다.

이렇게 몇 달이 지나고 추석이 되었다. 이웃집에서 명절이라고 나에게 선물을 주었다. 그런데 너무 큰 선물이었다. 한우 세트다. 항상 받기만 해서 미안하고 고맙다며 주신 선물이었다. 나는 기대를 전혀 하지 않았기 때문에 너무 놀랐다. 부담스럽다고 거절했다. 하지만 이웃집에서는 꼭 받아야 된다며 손에 쥐어주시고 집으로 돌아가셨다. 내가 가지고 있는 것을 나누어 드렸던 것에 대한 감사 인사였다.

먼 친척보다 가까운 이웃이 좋다는 말이 있듯이 서로 갑자기 급한 일이 생기면 누구보다 빨리 알아채고 도움을 준다. 그리고 자주 만날 수 있기 때문에 서로 슬프거나 기쁜 일을 공유한다. 그러면서 같이 축하해주고 위로해주며 마음에 든든한 버팀목이 될 수 있다.

이때 중요한 것은 내가 이만큼 줬으니 이만큼 받아야지 하는 생각은 절대로 하면 안 된다. 관계 유지를 위해 내가 이렇게 열심히 하고 있으니 너도 열심히 해야 한다는 마음을 가지면 안 된다. 내가 그 이웃이 좋으니까 이렇게 나누어 먹는 것이라고 생각해야 한다.

친구 K는 중학교 시절에 정말 싫어하던 선생님이 있었다. 그 선생님은 자신의 기분에 따라 행동했다. 선생님이지만 정말 본받을 점이 없다고 생각했고 하필 그 선생님은 K의 담임 선생님이었다.

어느 날, K가 학교 다니면서 신던 운동화를 세탁했는데 조금 덜 말라서 신고 갈 수 없었다. 장마 때문에 날씨가 습해서 운동화가 제대로 마르지 않았다. 그래서 다른 신발을 신어야 했다. 형편이 어려운 K는 어머니의 운동화를 빌려 신고 등교했다. 그런데 그 운동화의 색깔은 빨간색이었다. 학교 규정상 흑백의 운동화만 가능하다. 하지만 어쩔 수 없이 신어야 했다. 그런데 어머니의 운동화는 빨간색이지만 많이 낡았다. 그렇다면 K는 이 신발을 일부러 멋내기 위해 신고 온 것은 아님에 틀림이 없다.

그런데 담임 선생님은 친구 K가 빨간 운동화를 신고 등교했다며 노발대발 하셨다. 먼저 K에게 학교 규정에 어긋나는 색상의 신발을 왜 신고 왔는지 물어봐야 했다. 하지만 담임 선생님은 그러지 않았다. 우선 K를 혼내기 바빴다.

약간의 꾸중이 아니었다. 등교 후 항상 아침마다 교내에 있는 TV로 영어 방송을 들었다. 그 시간에 K는 신발을 입에 물고 TV 옆에 서 있는 것이 담임 선생님이 내린 벌이었다. 영어 방송 시간은 꽤 길었다. 약 30분 넘게 시청한다. 30분 동안 신발을 입에 물고 있는 것은 쉽지 않다. 침도 생기고 입도 아프다. 하지만 무엇보다 같은 반 친구들의 시선이 모두 TV를 향해 있다. 그럼 벌을 받는 K의 모습을 보게 된다. 친구들 앞에서의 그 부끄러움은 말로 표현할 수 없다. 자존심도 상한다.

친구 K는 너무 억울했다. 왜 그 신발을 신고 왔는지 물어보지도 않은 채 무작정 화를 내며 벌을 준 담임 선생님이 원망스러웠다. 과연 그날 담임 선생님은 개인적인 일로 기분이 좋지 않아서 K에게 화풀이를 했던 것일까?

K의 담임 선생님은 친하게 지내는 선생님이 단 한 명도 없다. 점심 식사할 때도 항상 혼자였고 쉬는 시간에도 혼자 있었다. 기분 따라 행동해서 그런 것인지 K의 담임 선생님은 제자에게 너무 심한 벌을 주었다.

친구 K는 중학교 졸업 후 현재 20년이 되었지만 담임 선생님을 잊지 않았다. 여전히 너무 억울하고 나쁜 선생님이라고 한다. 치욕스러운 그 시간을 쉽게 잊을 수 없다.

친구 K는 나와 옛날 중학교 시절 이야기만 하면 그때 그 순간이 떠오르는지 얼굴이 빨개지면서 속상해하고 억울해한다. 지켜보는 나도 매우 마음이 안 좋다. 하지만 용서해야 한다. 쉽지 않다. 용서하면 나의 마음이 편해진다. 그 사람을 위해 용서하는 것이 아니라 나를 위해 용서하는 것이다. 행복하지 않은 기억은 빨리 잊는 것이 나에게 좋다. 불행한 순간을 떠올리면 억울하고 분노가 치밀어 오르고 기분이 안 좋아진다. 항상 긍정적으로 생각하며 즐겁고 기분 좋게 지내야 내 마음이 행복해진다.

용서는 나를 위한 영양제다. 살다 보면 내가 다른 사람으로부터 상처받을 때가 있다. 그리고 어떤 때는 내가 다른 사람에게 돌이킬 수 없는 실수를 할 때도 있다.

'벤저민 프랭클린'은 "받은 은혜는 대리석에 새기고 증오는 모래에 새겨라."라고 했다. 이처럼 내가 받은 고마움은 마음 깊이 새기고 분노와 증오 그리고 배신감은 지우개로 깨끗이 지워야 한다. 용서는 화가 나는 그 사람을 위한 것이 아니다. 나를 위한 것이다. 미운 사람을 용서하면 내가 좋아진다.

용서라는 것이 처음에는 어렵고 잘 안 된다. 그리고 진심으로 용서가 되지도 않는다. 하지만 한 번 두 번 하다 보면 나중에는 그냥 싫은 사람에 대해서는 생각도 하지 않게 된다. 시간 낭비라는 생각까지 든다. 용서하면 부정적인 감정이 없어지기 때문에 화도 사라진다.

지금부터라도 마음속에 담아둔 싫은 사람을 용서하자. 그 사람을 위한 것이 아니라 오로지 자신을 위함이다.

'이시형' 박사의 글에 "세상은 보는 대로 존재한다."라는 말이 있다.

"반 컵의 물은 반 틈이 비어 있는 것처럼 보이기도 하고 반 틈이 찬 것처럼 보이기도 한다.

비었다고 울든지, 찼다고 웃든지, 그건 자신의 자유요 책임이다."

어떤 상황이든 긍정적으로 생각하는 사람이 있고 부정적으로 생각하는 사람이 있다. 긍정적으로 생각하는 사람은 만약에 실패하더라도 실망하지 않고 오히려 그 계기를 발판으로 더 노력한다. 그리고 그것을 기회라고 생각한다. 결국 긍정의 힘으로 좋은 결과가 온다. 그러나 부정적으로 생각하는 사람은 작은 실패에도 자책하며 실망한다. 그래서 항상 기분이 좋지 않고 다른 사람들이 자신에게 조금이라도 서운한 말을 하면 화를 내거나 크게 상처받는다.

어떤 일이 잘 풀리지 않는다면 그것은 그것대로 생각하고 거기에서 마무리하면 된다. 안 되면 안 되는 대로 인정하면 된다. 자신의 잘못도 남의 잘못도 아니다. 완벽하게 끝내지 못했더라도 그 일은 여기까지가 최선이다. 끝내지 못했다고 낙심하며 시간을 낭비할 필요가 없다.

긍정적으로 생각하며 살아가는 사람과 부정적으로 사는 사람은 다른 점이 많다. 긍정적으로 생각하면 자신에게도 좋지만 주변에 있는 사람에게도 좋다. 긍정의 기운은 전염되기 때문이다. 당신의 마음에도 긍정의 기운을 저축하면서 긍정의 힘으로 즐겁고 행복하게 살면 좋겠다.

07

나에게 좋은 사람이
좋은 사람이다

　나도 힘들다. 많이 지쳤고 외롭고 슬프고 고달프다. 나는 왜 이렇게밖에 살지 못할까? 모든 것을 그만두고 싶다. 눈물이 난다. 그만두고 싶은데 그만두지 못하는 나의 현실이 불쌍하다는 생각이 든다. 나만큼 서글픈 사람이 또 있을까?

　사람들은 살면서 이런 생각을 누구나 한다. 제일 절망적인 순간에 이런 감정이 생긴다. 이건 자연스럽게 떠오르는 느낌이다. 하지만 이런 감정들을 스스로 제어하지 못하면 내가 제일 힘든 순간에 나를 더 자책하면서 어둠 속으로 밀어넣는 것과 같다.

본인의 얼굴을 카메라로 자신이 직접 찍어보자. 보통 셀카 찍는다고 한다. 사람들은 그 순간에 본인의 얼굴을 가장 예쁘게 만든다. 예쁜 순간의 모습을 사진으로 간직한다. 대체로 예쁜 모습이라고 하면 미소를 띤 얼굴을 한다.

웃는 얼굴을 하면 제일 예쁘다는 것을 본인이 알고 있지만 평소에 카메라 없이는 미소 짓는 얼굴을 하기가 쉽지 않다. 하지만 자신을 위해서라도 평소에 웃는 얼굴을 하는 습관을 가지는 것이 좋다.

나이가 들면 얼굴에 주름살이 생긴다. 그리고 자신이 살아온 세월의 흔적도 같이 새겨진다. 항상 화내고 짜증을 내면서 신경질을 부리면 인상이 찌푸려진다. 그럼 점점 화가 나 있는 얼굴로 변한다.

나이 들수록 인자한 모습이 가득한 얼굴이 보기가 좋다. 하지만 자신이 살아온 세월이 항상 부정적이고 화를 내면서 생활해온 사람들은 인상이 차갑다. 얼굴은 자신의 생각과 감정을 그리는 것과 같다.

첫인상은 매우 중요하다. 앞으로 나이가 들면서 새겨질 자신의 인상은 스스로 직접 만들어가는 것이다.

장기간 집을 비워야 하는데 아기가 먹을 분유를 주문했던 것이 집에 없는 동안 도착할 예정이다. 독일에서 오는 분유라서 해외 배송이기 때문에 언제 도착할지 정확하지 않았다. 그런데 마침 내가 집에 없는 기간에 도착할 예정이라고 문자를 받았다. 다른 택배 물건이면 그냥 밖에 두어도 된다. 어차피 아무도 가져갈 사람도 없고 밖에 두어도 상관없기 때문이다. 하지만 분유는 아기가 먹는 것으로 장기간 실외에 보관하면 변질될 우려가 있다.

나는 어쩔 수 없이 경비실에 부탁했다. 시원한 음료수를 사서 경비실에 찾아갔다. 물론 코로나 때문에 마스크를 착용하고 있었지만 눈은 웃을 수 있는 만큼 최대한 웃었다. 경비아저씨한테 개인 사정을 설명하고 잘 부탁한다고 말씀드렸더니 흔쾌히 도와주신다고 하셨다.

원래 경비아저씨의 업무는 이런 택배 물건까지 관여하시지는 않으신다. 하지만 웃는 얼굴로 정중히 부탁드렸더니 경비아저씨도 웃으며 대응해주셨다. 매우 감사했다.

만약 무표정으로 무뚝뚝하고 당연하다는 듯 부탁했다면 결과는 어떻게 되었을까? 거절당했을 확률이 높다.

'웃는 얼굴에 침 못 뱉는다.'라는 속담처럼 잘못을 저지른 사람에게 처음에는 너무 화가 난다. 하지만 그 사람이 웃으면서 진심으로 사과하면 화났던 마음이 조금씩 풀어진다.

웃는 얼굴로 상대방을 대하면 함부로 대하지 못한다. 웃는 얼굴로 상대방에게 무언가를 요청하거나 대화를 시도할 때 내 모습을 보는 상대방의 기분도 좋아진다. 그럼 그 상대방도 역시 나에게 친절하게 대한다. 결국 나에게 좋은 영향이 온다.

육아할 때 아무리 힘들어도 아기가 활짝 웃어주면 그 피로가 사라질 때가 있다. 아기들의 웃음은 거짓 없이 정말 진실된 웃음이라고 한다. 사실적인 웃음이다.

웃는 모습을 보면 나도 따라서 웃는다. 그리고 아기랑 놀아줄 때도 '어떻게 하면 우리 딸을 웃게 해줄까?'라며 생각한다. 밝고 환하게 웃어주는 아기의 웃음을 보면 정말 너무 행복하다.

웃는 것은 나의 정신적으로도 좋은 효과가 있다. 웃을 때마다 뇌에서 분비되는 쾌락 호르몬으로 잘 알려진 엔도르핀은 모르핀과 같은 진통제 효과가 있다. 따라서 고통을 느끼는 회로의 활동을 진정시켜준다. 우울하고 괴롭고 두려운 부정적인 감정을 억눌러준다.

내가 웃는 얼굴을 하면 나의 뇌도 웃는다. 박장대소를 한 번 하면 우리 몸에 있는 근육의 1/3에 해당하는 231개의 근육이 움직인다. 그러므로 뇌가 자극되는 운동 효과가 있다는 연구 결과가 있다. 이처럼 웃음은 나의 마음뿐만 아니라 내 몸도 건강하게 해준다. 억지로 웃는 웃음도 자연스럽게 웃는 것과 같은 효과를 낸다. 그래서 만약에 즐겁지 않더라도 나의 마음과 몸을 즐겁게 하기 위해서라도 자주 웃는 얼굴을 하는 것이 좋다.

물론 처음에는 어렵다. '웃는 얼굴을 해야지' 생각하면서도 잘되지 않는다. 그럼 지금부터 당장 얼굴에 미소를 지어보자. 이렇게 시작해보는 것이다. 나를 위해 웃는 얼굴을 하자.

나는 운동하는 것을 좋아한다. 요가를 하거나 집 주변을 산책하면 마음이 가벼워지는 느낌이 든다. 물론 상쾌하다는 느낌도 든다. 이런 기분 때문에 운동하면 힘들지만 내 몸이 건강해지고 정신적으로 도움이 된다.

운동하는 것이 실제로 자존감을 높여준다는 연구 결과가 있다. 숨이 찰 정도로 운동을 하면 몸에서 호르몬이 분비되는데 우울증을 치료하는 것에 도움이 된다. 그리고 운동할 때 몸을 움직이게 되니 이 순간만큼은 다른 복잡한 생각이 줄어든다. 매일 운동하면 에너지 소모가 되기 때문에 불면증이 예방되어 밤에 잠도 푹 잘 수 있다.

이렇게 꾸준하게 운동하면 스트레스도 줄어든다. 스트레스 때문에 사람들은 과잉 반응하고 부정적인 생각을 많이 한다. 그러면 주변 사람에게 피해를 준다. 부정적인 사람과 곁에 있으면 싸움이 자주 일어난다. 자신의 실수를 인정하지 않고 남에게 책임을 돌리면서 비난하기 때문이다. 스트레스를 줄이는 것만 해도 나에게 좋은 점이 많다.

누구보다 내가 먼저 나를 사랑하자. 항상 웃는 얼굴을 하면서 내 얼굴을 아름답게 만들자. 인자하고 자상하면서 품위 있는 사람이었다는 것을 증명하며 살자.

내 마음에 담아둔 분노와 아픔 그리고 슬픔처럼 너무 힘든 감정은 이제 내려놓자. 부정적인 감정을 내려놓아야 미소도 잘 지어진다. 부정적인 감정을 계속 품고 있으면 나에게도 좋지 않다. 화가 나면서 아프고 슬프다. 상대방은 나에 대해 전혀 생각하지 않고 관심도 없을 텐데 말이다. 상대방은 즐겁고 신나게 지내고 있을 수도 있다. 그런데 정작 나는 그 사람 때문에 화를 내고 있다면 너무 억울하지 않은가?

스트레스는 만병의 원인이다. 운동하며 스트레스를 풀 수도 있지만 자신이 좋아하는 음식을 먹으면서 해소하기도 한다. 좋아하는 사람과 만나서 대화하며 시간을 보내는 것도 좋다. 그리고 신나는 음악을 듣거나 노래를 부르는 것도 스트레스 해소에 좋다.

세상은 여러 사람과 함께 더불어 살아간다. 그러므로 다른 사람을 배려하고 매너 있게 행동하는 것 역시 중요하다. 그런데 주변 사람을 챙기기 이전에 먼저 자신을 다독여주자.

힘들고, 외롭고, 슬프지는 않은지, 정말 괜찮은 것이 맞는지….

긍정적이고 밝고 스트레스도 해소하며 즐겁게 지내고 있는 사람 역시 겉으로 보이는 것이 전부가 아니다. 정말 진심으로 행복한 것이 맞는지 나를 위해 관심을 가지는 시간도 매우 중요하다.

나에게 좋은 사람이 되자. 그런 사람이 정말 좋은 사람이다.